歴史文化ライブラリー

325

日本神話を語ろう

イザナキ・イザナミの物語

中村修也

吉川弘文館

目　次

日本神話を読む意味——プロローグ

神話の必要性

みなさんが、日本神話といって思いつくのはなんでしょうか。五十代以上の世代の方々にとっては、因幡《いなば》の白ウサギ、スサノヲの八岐大蛇《やまたのおろち》退治、アマテラスの天《あめ》の岩屋戸《いわやと》隠れ、などでしょうか。もちろん、イザナキ・イザナミの出会いや、黄泉《よみ》の国でのできごと、天孫降臨《てんそんこうりん》など、他人から言われると、そうそう、そうだった、と思いだすことはできるでしょう。しかし、自分からすぐに思い出せるのは、先にあげた三話くらいではないでしょうか。

四十代、三十代でもかすかにこの三つの話は聞いたことがある人もいるはずです。しかし、二十代以下となると、ほとんど日本神話など知らないのが普通です。

逆に、七十代以上で、日本神話に触れたことがない人を探すのはむずかしいでしょう。なぜなら、日本神話は「歴史」として教科書に掲載されていたからです。学校で習えば、覚えていても不思議ではありません。そして、四十代以下の人たちがあまり日本神話を知らないのも、学校で日本神話に触れることがないからともいえます。四十代以下の人たちが知らなければ、その子どもたちの世代が日本神話を知らないのは、ごくごく当然のことです。

神話というのは、読んで字の如く、神様のお話です。お話は語られなければ、次の世代には伝わりません。つまり、このままいくと、日本人は日本神話を知らない人だけになってしまうのです。自分の国の神話を知らない、珍しい国民・国家が誕生するわけです。

もちろん日常生活をするのに日本神話を知らなければいけないという積極的な理由はありません。もっとストレートに言うと、神話などなくても生きていけます。

しかし、それは本当のことでしょうか。

つまり、神話がなくても生きていけるということが、です。

神話がなくても生きていけるならば、どうして神話は生まれたのでしょうか。

ギリシア神話は、なぜ、今でも語り伝えられているのでしょうか。

それこそ、人間はパンと水のみで生きる存在ではないということではないでしょうか。物理的には食べ物さえあれば、身体機能を維持できるのでしょうが、不思議なことに、人間は身体と同時に精神も安定させなければ、本当の意味で生きているということができない生き物のようです。

そして、その精神的な発達が、人間の進化を促《うなが》し、文明を生みだしたのだと考えますと、その不思議な構造を、正面から受け入れることができるのではないでしょうか。

少々、退屈な話になってしまったので、話題を変えましょう。

朝、目が覚めた時、我々は「ここはどこ？」と真っ先に考えます。ところが、目に入ってくる景色がいつもと同じ場合には、その疑問を意識する前に、脳が認識して、次の日常的な行動へと指令を出してしまい、そのような疑問はもたなかったことになります。しかし、旅行などで、見慣れぬ部屋の景色が目に入りますと、「ここはどこ？」という疑問に対する解答を得るために、五感や脳はフル活動して、「昨夜、旅行でここにやってきて、旅館の部屋で寝ているのだ」という正解を引き出します。

なんの話かといいますと、人間は、自分の立脚地点に対する不安感を常にもっており、それを安心させたいという欲望をもっているということです。

ようするに、自分は何者で、自分のいる所はどういう場所なのか、という解答を求めているということです。

現在では、地理が発達し、ナビゲーションもあるという時代なので、そうしたことに対する恐怖感は、はてしなく稀薄です。しかし、人間が他者と接し、生活のために移動し始め、他との比較が行われ始めると、自然と「存在の安定」を求める精神が働き始めたはずです。そして、その要求に応えるのは、現代科学ではなく、神話だったのではないでしょうか。

神が大地を創造し、生き物を生み出し、自然を支配しています。

人間は、その神の世界の中で、神に見守られて生きています。

さまざまな矛盾をかかえながらも、神と人間と自然が関わり合いながら、世界が構成されていると考えることが、神話を生みだした人々の時代には、必要な精神安定剤であったのではないでしょうか。

人間と自然の間に神を介在させることで、さまざまな不思議な現象を理解しようとしたのです。

しかし、ひとたび神が生まれると、神は創造神だけではなくなってしまいます。

神は便利使いされてくるのです。

広い地域を支配しようとする人間は、他者を従わせるために、みずからを神の子孫と称し、強引な説得を行おうとします。

また、ある者は、弱者救済の吸引力に神を利用し、神の教えと称して、自らの考えを綴《つづ》った聖典を作り上げます。

さらには、狭い地域や、矮小《わいしょう》なレベルでも、神を利用することが真似《まね》られるという現象が生まれることもありえます。神のバリエーションも生まれ、悪魔・鬼・半神半人などが登場するようになります。

神々のキャラクター

こうなりますと、創造神話が最初の発端だったかもしれませんが、次第に、そこに登場してきた神々は、さまざまなキャラクターをもち始めます。弱く小さな神は妖精になったり、その妖精が逆に力をもつと魔女が生まれたりします。いろいろな神のキャラクターには、人間の面白さ（賢さ・勇敢さ・愚かさ・残酷さなど）が投影されてきます。日本神話のスサノヲのキャラクターの多様性は、まさにその人間のキャラクターの多様性そのものともいえましょう。

人間社会がピラミッド型社会を志向し、実際、その構造が理解されやすいために、神々の世界にもその論理は投影され、ギリシアではオリンポスが造られ、日本では高天原《たかまがはら》が創造されたのでしょう。そして頂点は、視覚的にわかりやすい天空が想像され、天空の恒常的存在として、太陽が最高神と考えられるのは、ほぼ世界共通です。しかし、これも神話の一つのバリエーションとして考えるべきで、神話を一つの体系と考えたり、ある神のキャラクターを一つにまとめようとするのは、後世の学者の作業であって、けっして神話の本来的な姿ではありません。世界にいろいろな神話があり、神がいるように、日本にもいろいろな神話が地方ごとにあり、同じ神の名をもっていても、地域によってその神のキャラクターが違っていても、なんの問題もないのです。

たとえば、スサノヲは風の神であってもいいし、黄泉の神であってもいいし、出雲《いずも》という地上の神であってもいいのです。スサノヲのキャラクターの最大公約数を求めたり、最小公倍数を求めることは無駄なことではありませんが、それぞれのキャラクターを封じ込めることになります。

神話のバリエーション

私たちが日本神話を知ろうとする時、材料になるのは『古事記』『日本書紀』『風土記』といった古典ですが、そこに描かれている神のキャラクターがすべてではなく、記録されていないキャラクターも当然存在していた可能性があるのだと思います。

たとえば、因幡《いなば》の白ウサギの話は、いろいろなバリエーションがありますが、『古事記』『日本書紀』に記録された後も日本各地で語られ続け、さらなるバリエーションを生んでいったはずです。そもそもが創《つく》り話ですから、時代の後先《あとさき》で、どちらが正しい因幡の白ウサギの話であるかを議論するのは、少々おとなげないことです。

神話は、あくまで人間が創った神様のお話なのであり、けっして神様が創った話ではないのです。

人間が創った話である以上、創った人間に都合よく話が構成されています。アマテラスの指示でニニギノミコトが高天原《たかまがはら》から地上に降り立ち、日本を統治する祖となったとする天孫降臨神話などは、その典型です。現在、天皇家の祖先を降臨したニニギノミコトと強弁する人はいないでしょうが、天孫降臨神話はまさに天皇家が日本を支配する正統性を主張するために創られた神話です。

つまり神話といえども一様《いちよう》ではなく、いろんな神話があるということです。
創造神話（天地・大地の創造に関わる神話）
自然神話（自然現象を説明する神話）
支配神話（国家・地域を支配するための政治的神話）
などが考えられますし、その他にもいろいろあるでしょう。
私がみなさんに知っておいてもらいたいことは、神話はいろいろな思惑《おもわく》で生まれているということと、それは歴史ではないということです。
私は、本書で『古事記』の神話を読んでいこうと考えています。なぜなら『古事記』の神話が一つのまとまりをもっていて、解読しやすく、面白いからです。そして、まとまりある神話は、その神話を作った人、あるいは編集した人たちの思惑がわかりやすいからです。
『古事記』は和銅五年（七一二）に成立した歴史書です。天武《てんむ》天皇によって企画され、太安万侶《おおのやすまろ》が撰録したとされています。この『古事記』の神話を読み解くことは、七世紀から八世紀の古代人の精神世界を知ることにつながります。そこに『古事記』の神話を読み解く楽しみがあると考えるからです。

本書では、イザナキ・イザナミ神話を読み解いて、日本神話の基礎的な部分を眺《なが》めていきたいと思います。この部分は、各村落で話し継がれたお話ではなく、『古事記』を編纂する過程で、日本神話を体系的なものに編集する作業の中で生まれてきた部分が中心になります。それがどの部分なのかは、読んでいただくと、なんとなくわかっていただけるのではないかと思います。

そして、こうした私の考えに賛同していただけるならば、ご一緒に日本神話を楽しく読み解き、そして次代に語り継いでいこうではありませんか。

『古事記』の神話

日本神話の構成

『古事記』の全体像

これから『古事記』に描かれた日本神話を読み始めるわけですが、最初に、古事記神話の全体像について、他の神話と比較して、理解を容易にしておきたいと思います。

たとえば、すでに日本神話を知っている人なら、『古事記』『日本書紀』の神話が、天皇家の祖先神話となっていることはご存知でしょう。

高天原《たかまがはら》というギリシア神話でいうところのオリンポスにあたる世界を支配するアマテラス（天照大神）の指令で、ホノニニギノミコト（番能邇邇芸命）が高千穂峰《たかちほのみね》に天孫降臨《てんそんこうりん》して、オホヤマツミ（大山津見神）の娘コノハナサクヤヒメ（木花之佐久夜毘売）と婚姻し、その

図1　安田靫彦画「古事記」（愛媛県美術館所蔵）

曽孫が神武《じんむ》天皇（初代天皇）となるというあらすじなのです。

これによって、天皇家は天孫の子孫という位置づけがなされたわけです。

この神武までが『古事記』の上巻、神武以後応神《おうじん》までが中巻となります。ちなみに下巻は仁徳《にんとく》から推古《すいこ》までです。

上巻までが創世神話で、中巻が統治神話ということです。ふつうは、この創世神話と統治神話（英雄譚）は別物です。ところが、日本神話は、八世紀の天皇家の方針で、創世神話と統治神話が連続性をもたされているのです。

キリスト教文化圏では、ゼウスの子孫がヨーロッパを統治する王家の人間になるという発想はなかったのかな、と逆に考えてしまうのですが、神話が語られた時間が長いのだから、それは無理か！　ということで納得がいきます。

では、なぜ、日本では八世紀になっても、そうした無理が行いえたのでしょうか？

記紀神話の政治性

それも大きな謎かもしれません。

かつての研究者たちは、そのへんのことをどのように考えていたのでしょうか。試みに津田左右吉氏の著作（『津田左右吉全集』第一巻、六三九〜四〇頁、一九六三年、岩波書店）を紐解《ひもと》いてみましょう。

神代史は、オホヤシマグニと名づけられるアシハラノナカツクニもしくはアシハラノミヅホノクニと呼ばれた我が國土の起源と、それを統治せられる我が皇室の由來とを、説いたものである。しかし其の國土は皇祖神と同一の父母から、また皇室に統治せられるものとして、生まれたものであるから、約言すると、神代史は我が國の統治者としての皇室の由來を語つたものに外ならぬのである。（中略）皇室の外の神々についての話もあるが、それも皇室と同一血族であるとせられた神々の、また皇室の統治の権威を確立するための、物語である。（中略）要するに神代史はたゞ、統治者の地位に立つて、其の地位の本源と由來とを語つたものである。

津田氏は、『古事記』『日本書紀』そのものを天皇家のための思想書とみています。この津田氏の批判を受けた形で、戦後の神話は扱われています。たとえば、上田正昭氏は、その著書『日本神話』（岩波新書、四頁、一九七〇年）の中で、記紀神話を次のようにまとめています。

『古事記』『日本書紀』の神話（以下記紀神話という）の特徴は、つぎの三点にもっともよく集約されている。第一は、神々の系譜が、たんにそれらの神々の世界にのみとどまらないということである。記紀神話の神統譜は、現実の皇室や諸氏族とのかかわりにおいて整合され、皇室の系譜や氏族の系譜につながるのである。第二は、神々の行動が、現実の国土と密着するかたちで物語られ、きわめて国土性豊かな神話になっていることである。神話に登場する国々が、大和や出雲あるいは日向を舞台として記紀に具象するのは、その好例であった。第三は、高天原の神々による中つ国の平定という構想を主軸に、すこぶる政治性をおびた神話として定着していることである。出雲の神々は国ゆずりによって天つ神に服属し、筑紫《つくし》の神々はいわゆる天孫降臨によって、天つ神の子とする皇孫の世界に統合されてゆく。

まさに上田氏が述べるように記紀神話は構成されており、そこに政治性が強く現われているることは疑いようがありません。問題は、そうした政治性の強い神話が創作・編集されることがなぜ可能であったかということです。

つまり神の子孫が人間のある家系につながり、その家系が日本の支配者になる資格を有しているなどという荒唐無稽な話が作られることが、なぜ許されたのかということなのです。これをギリシア神話と比較すると、その滑稽さがいっそう際立ちます。古典的ともいえる呉茂一氏のギリシア神話に対する考え方を紹介しておきます。

ギリシア神話との比較

それならばもっと本当のギリシア神話伝説は、というと、これまたそう簡単なものでなく、これは日本の神話伝説でもインドのでも、あるいは北欧のでもまず同様ですが、第一に時代によってだんだんと変わっていく、それに場所、つまり国々、地方と地方とで相違がある、これに加えて、これを扱う詩人や作者がまたてんでに彼らの創意を加えてモディファイしていく、これは地上のどの民族どの国家でも同じながら、ことにギリシアでは時代的にも千年にわたり、地方文化の多彩な発達があり、大勢の詩人、劇作家、散文作家をもってもいたので、いちだんと多岐複雑にもなろうという

わけです。（『ギリシア神話（上）』「はしがき」新潮文庫、四頁）

呉氏によると、ギリシア神話にもいろいろな伝承があり、どれが原話とも言いがたい、というよりも言うことが不可能な状況であるとのことです。しかし、基本的には、長い年月にわたって、詩人や作家によってバリエーションが生まれたのであって、国家の政治的な思惑によって、ゼウスの子孫がギリシアやローマの国王に結び付くという卑小な話ではないのです。

なぜ、ギリシア神話が雄大な話として広まっていったのでしょうか。それは創造性の問題なのでしょう。呉氏はギリシア神話の成立について、次のように説明しています。

すなはちホメーロス以後の詩人たち、劇詩人たちは、いろんな形で神話の姿や主題やを、美化し限定し修正し、各自の創意を加えていきます。ギリシア文学の古典期とされる。前四、五世紀のアテーナイに栄えた悲劇詩人たちは、特に後代に影響力の大きかった者らですが、それはアリストテレースも言うように、彼らの取材の対象がもっぱら上代の英雄たち神人たち、つまり神話伝説だったからに他なりません。こうした神話伝説の形成、展開発展、細密化、時には修正修飾は、その後のヘレニズム期からはるかにローマ（グレコ・ローマン）の時代にも及び、現在われわれが所有している体系的なギリシア神話伝説のほとんどは、実はこのローマ帝政の初期（紀元後の一、二世紀）に属すると見られます。（同書、九頁）

つまり、詩人・劇詩人たちは、国家のために神話伝説を創作していったのではなく、みずからの職業のため、ひいては聴き手である民衆のために、より魅力的な話を創作していったからだというのです。

多くの人が面白い神話伝説を聞き、語り伝えたならば、それを統治神話に利用することもできません。もちろん多少の利用は、その場その場であるかもしれませんが、体系的なものではありません。ある意味、純粋です。

では、日本神話が政治的になりえたのは、日本神話そのものが人口に膾炙《かいしや》していなかったからでしょうか。その可能性も否定はできません。

しかし、記紀神話のすべてを八世紀段階の政治的創作と考えることも、いささか非現実的です。

統治神話の背景

『古事記』『日本書紀』が漢字で書かれていることから、あくまでごく限られた知識人だけを相手にした編纂であり、その内容が知られないようにされていたので、統治神話への連続性を実現させることができた、と考えることもできなくはありません。

しかし、それでは、政治的な創作の意味がなくなってしまいます。政治的な神話は、その内容が多くの人に伝えられ、創作が真実と刷り込まれなければ、その意義をもたなくなるからです。ある意味、近代日本の天皇制教育を想定してもらえればわかりやすいのではないでしょうか。日本は神国であり、天皇家はその神の子孫であり、万世一系《ばんせいいっけい》を維持してきた家であり、国民は天皇の赤子《せきし》である。これが近代天皇制の刷り込み教育でした。

八世紀の記紀神話形成の際に、そうした刷り込みを行うためにこそ、天孫降臨神話が創作されたはずです。『古事記』『日本書紀』は、あくまでそうしたものの記録媒体《ばいたい》であって、実際には「語り」による高天原神話が語り伝えられたはずです。

では、どういう理由で、それまで存在しなかった天孫降臨神話が、人々に受け入れられたのでしょうか。

一つ考えられることは、それが創作されたものであることはじゅうじゅう承知していても、人々も統治神話を欲していたという社会状況です。

戦後の民主主義によって、国民は平等で、支配・被支配は人間性を否定した考えである、というのが一般的になってしまいましたが、人間はそれほど単純ではありません。支配されることを望む人もいれば、よりよき支配を望む社会状況もあります。独裁国家の存在が

図２　弓をもつ人物とシカ　銅鐸
（神戸市立博物館所蔵）

それを証明しています。

八世紀の東アジア社会は、唐を中心に、朝鮮、日本、北方諸国が、それぞれ中央集権化を目指していました。それは、他の国に先駆けて、少しでも早く集権化を成功させ、国力を充実させようという流れでもありました。こうした流れの中では、荒唐無稽であっても、求心力のある高天原神話の創作は、多くの人々から求められ、認められたのかもしれません。

あくまで推測にすぎませんが、可能性のあることです。

今のところ、こうした推測以外に、天孫降臨神話が社会的に認められた理由は考えつきません。諸賢のさらなるご意見を拝聴したいというのが、正直な気持ちです。

古事記神話の始まり

アメノミナカヌシ・タカミムスビ・カミムスビ三神

さて、前置きがながくなってしまいましたが、いよいよ『古事記』神話の本文をみていきましょう。

まず冒頭部分は、次のように始まります。

天地《あめつち》初めて発《あらは》れし時に、高天原《たかあまのはら》に成りし神の名は、天之御中主《あめのみなかぬしの》神《かみ》。次に、高御産巣日神《たかみむすひのかみ》。次に、神産巣日神《かむむすひのかみ》。此《こ》の三柱《みはしら》の神は、並《とも》に独神《ひとりがみ》と成り坐《ま》して、身を隠《かく》しき。

天と地が初めて出現したとき、高天原に三柱の神が誕生しましたが、彼らは独り身で、そのままお隠れになった、というのです。

図３　大地から天に向かって聳え立つ石柱（大湯環状列石）

あらためて三神を書き上げますと、

①　アメノミナカヌシノカミ（天之御中主神）

②　タカミムスビノカミ（高御産巣日神）

③　カミムスビノカミ（神産巣日神）

の三神です。

①の天之御中主神は、まさに字の通り、天と地が分かれた、その天の真ん中に坐して「主」となる存在です。いわば、その神性は、世界の中心たることにあります。不動の存在性が求められる神です。

②の高御産巣日神は、高み＋ムス

（生成）＋ヒ（霊力）＋神、という構造をもった名前です。つまり高次元にあって、さまざまなものを生み出す霊力をもった神ということです。

③の神産巣日神は、神＋ムス（生成）＋ヒ（霊力）＋神、という名前です。基本的には②の高御産巣日神と同じく、生成の霊力をもった神でしょう。高御産巣日神との違いは、高御産巣日神が諸物を生み出すのに対して、神産巣日神は神を生み出すのが主体だったのかもしれません。

ところが、高御産巣日神も神産巣日神も、なにも生み出さないまま、隠れてしまうとなっています。なんとも不思議なことです。

身を隠す理由として、「独り神」であることが、その原因とされています。このあたりは、とても人間的でおもしろいと思いませんか。

なにもなさない神がいてもいいのですが、それならば、いったいなんの神様なのか？という疑問が生じます。神話は「物語」であって、歴史ではありません。空想的な物語の場合が多いのです。しかし、神の存在を信じる、信じないは別としまして、神を意識し始めた時から、今にいたるまで、我々日本人は、神を信奉してきています。というより信奉し続けています。

もっともわかりやすい例が、お正月の初詣《はつもうで》です。全員とはいいませんが、ほとんどの人が、近所の神社、あるいは有名な神社に一年に一度はお参りします。そして、神棚、神殿の前に来ますと、かならずお祈りを捧げます。形式は変化した部分もあるでしょうが、おそらくは神を祭り始めてから今に至るまで、神に祈り、神社にお参りするという行動は延々と続けられてきたはずです。

日本人で一度も神社にお参りしたことのない人は皆無《かいむ》ではないでしょうか。奇跡的なことを、自分のためだけに起こしてくれる神様がいるかいないかはわかりませんが、日本という国においては、高次元の存在としての神様は漠然といてもいい、という感覚を我々は共有しているはずです。

神社への参拝の方法や時期などには時代による変化があるでしょうが、神社には神がやってきて、その神に感謝と祈りを捧げるものである、という意識が我々のDNAの中にしっかりと記録されているはずです。こうしたことは、神社参拝以外の我々の日常の中には、もっといろいろとあります。こうした日常の中に残存する、あるいはDNAに刻み込まれた習慣を調査することで、日本人の原像を浮き彫りにするのが、民俗学的手法です。

つまり、過去のことは史料が記録された年代の古い、新しいに関わらず、その内容や継続性によって、利用できるものもあるということです。記紀神話が八世紀に記録されたからといって、すべてが八世紀の話ではなく、もっと古くから言い伝えられてきたものもあるということです。

このことは、逆に記紀神話が、八世紀の政治状況によって、その時点で初めて創作されたものも含んでいるという危険性も孕《はら》んでいることを意味します。

神の数え方「柱」

たとえば、この天地初発の記事にある神々の数え方ですが、ここでは神を「三柱」と数えています。そしてこの数え方は現在にも伝えられており、神の単位は「柱」となっています。

だが、これは果たして正しい数え方でしょうか。

「柱」のイメージするものは、神社などにある「御柱《おんばしら》」です。神社の中でひときわ目立つ巨木が、神の宿りくる聖なる樹木として意識されて「御柱」と呼ばれています。自然への崇敬の念と相俟《あいま》って、こうした考えはなんの疑問もなく受け入れられているのです。

しかし、それは樹木の繁茂する山岳地域、あるいは近隣に山々が存在する地域だけのことではないでしょうか。海辺で巨木のない地域には神がいなかったというわけではないでしょう。海の中に神がいないわけでもありません。ギリシア神話にはポセイドンという海の神様がいますし、日本にも海に関連する神は存在します。海の神を祀《まつ》る神社は鳥居《とりい》が海に向かって建てられていることもしばしば目にします。広島の厳島《いつくしま》神社などは、その典型的な例ではないでしょうか。

そうした海の神が巨木に降り立つというのは無理があるように思えます。

そう考えますと、「御柱」の存在は、山岳を背景にした人間の想念が生み出したものと考えざるをえなくなります。それに加えて、「高天原」という神々の居住地の地名が示すように、神はどこか高いところにいるというイメージがあります。これは世界共通のイメージです。それを具象的にイメージしますと、高いところから降りてくるとき、地上からより高い所に近い場所、それは山であり、山の中の高い樹木になりますが、そこに足掛かりを求めて降りてくる、というイメージを作りあげていったと考えられます。

また縄文杉のような巨木を見た時、人間は、単純にその自然の力を感じ、畏怖《いふ》し、崇敬します。つまり巨木に自然の偉大な力を見出し、神の力の一端を感じるのです。そこには、高層建築をみずからの手で作り上げることのなかった古代人の「高さ」への憧れも大いに影響しているのかもしれません。

こうしたさまざまな考えから、山中の巨木が「御柱」として意識されることは理解でき

図4　神が降り立つシンボルとしての御柱
（諏訪大社御柱祭，諏訪地方観光連盟提供）

ます。それは自然崇拝的な発想だからです。しかし、その「御柱」を神そのものとして、神を数える単位を「柱」とするのは、知識人的発想ではないでしょうか。人間を一人、二人、と数えるなら、神も一神、二神と数えるのが普通ではないでしょうか。それを、わざわざ「柱」と数えさせようとするところに、古代の知識人の作為を感じるのです。

ですが、ひとたび公的な歴史書に「柱」と数える数え方が記されますと、以後、権威者たちはそれを踏襲し、その数え方が長い年月にわたって継続されるようになりますと、それは「事実」となってしまいます。いったん定着したものは、なかなか否定されないのです。そうして歴史は形成されるのではないでしょうか。

神の数え方にこだわりすぎましたが、この冒頭部分は、とても大切な世界の始まりを説く箇所なのに、あまりに無造作なのが、気になったのです。

世界の初源神話の共通性

人は自分の存在意義を知りたいと思った時、同時に自分が存在している世界の誕生についても疑問をいだきます。「私は誰?」と思うと同時に、「ここはどこ?」と考えるのです。「ここはどこ?」は「ここはどのようにして発生したのか」という疑問に直結します。大地の誕生、世界の発生についての疑問です。

体系的神話はこの疑問に答える義務をもっています。

ところが、『古事記』はいきなり「天地が現われた時」から始まり、その天地がどのようにして誕生したかについては、まったく口を閉ざしたままなのです。しかも、天地の後に登場する三神も名前だけはたいそうな名をもつ神々なのですが、彼らがなにをしたかはまったく記されていません。これでは、まったくもってなにもわからないのと同じです。

これに対して、『日本書紀』は、

　古《いにしへ》に天地《あめつち》未だ剖《わか》れず、陰陽《めを》分れざりしとき、渾沌《まろか》れたること鶏子《とりのこ》の如《ごと》くして、溟涬《ほのか》にして牙《きざし》を含《ふふ》めり。其《そ》れ清陽《すみあきらか》なるものは、薄靡《たなび》きて天《あめ》と為《な》り、重濁《おもくにご》れるものは、淹《つ》滞《つ》ゐて地《つち》と為るに及びて、精妙《くはしくたへ》なるが合《あ》へるは摶《むらが》り易く、重濁れるが凝《こ》りたるは竭《かたま》り難《がた》し。故《かれ》、天先《ま》づ成りて地後《のち》に定《さだま》る。然《しか》して後に、神聖《かみ》、其の中に生《あ》れます。

と説明があります。『日本書紀』の原文は漢文です。漢文ということは、中国語で書かれているということです。当然、中国文化の影響を受けている可能性があります。

この『日本書紀』の冒頭部分については、岩波書店の日本古典文学大系67『日本書紀(上)』の頭注が要領よく説明してくれているので、それを引用してみましょう。

　最初の四行は、まず中国の古伝承を組合わせて一般論として提示している。「昔、天地も未だ分れず、陰陽の対立も未だ生じなかったとき、渾沌として形定まらず、ほの暗い中に、まず、もののきざしが現われた。その清く明るいものは高く揚って天となり、重く濁ったものは凝って地となった。しかし、清くこまかなものは集り易く、重く濁ったものは容易に固まらなかった。だから天が先ず出来上って、後れて大地が定まり、その後に至って神がその中に誕生したと伝えている」の意。これは淮南子や芸文類聚、天部などに見える、数ある中国の神話の中から日本の神話に似た話を採って纏めてある。

江戸時代の学者以来の研究成果の集大成的な説明です。日本にも中国にも似たような神話があり、表現を中国文献に求めて手本として利用しているのです。

宇宙というか世界の始まりについては、現在でもはっきりとわかっているとはいえません。私たちが学校教育で学ぶ惑星の誕生にしても、宇宙空間に漂っているガスが固まり核を形成し、そのまわりに多くのガスが集まり、やがて球体を形作り、そのガスが固まって惑星が生まれる、といったもので、この『日本書紀』に説明されているのとそれほど変わりません。ようするに世界（地球）の誕生については、想像できるだけで、確認できることではないから、そもそもが限界があるのです。

なんとなく渾沌とした状態から、凝り固まったものができ、それが大地となり天と分かれたのです。

これ以上のことは、考えられませんし、よしんば考えだせたとしても、他人を納得させることはむずかしいでしょう。世界の初源神話が、世界中で共通しているのは、ある意味、当然なのではないでしょうか。

三神の命名

では、天之御中主神・高御産巣日神・神産巣日神という三神の名はどうなのでしょう。

これらが中国説話の中から選び出されたものとは考えられません。「世界」が誕生すれば、その「世界」に属する物質や生き物が登場します。それらを生み出したものが当然存在することになります。また、世界は天と地に分かれていても平面です。平面の中心にこそ重要な存在があるはずです。そうした説明はできないけれど、あったはずの神々を天之御中主神・高御産巣日神・神産巣日神と名づけたのでしょう。そう、まさに神話とは、神の名づけ行為ともいえる側面をもっています。

諸物に宿る神の名をつけていく行為です。

神名をつけることで、神の存在を理解しやすくし、神話を語りやすくする。これはギリシア神話を修飾していった詩人や劇作家たちの行為にも通じるものでしょう。神話は、神々がいろいろな物を生みだすということを語ります。しかし、実際は、いろいろな物を見て、そこに宿る神々の名を人間が命名する行為なのです。

では、アメノミナカヌシノカミ・タカミムスビノカミ・カミムスビノカミの三神は、どういう意図で命名された神々なのでしょうか。

まずアメノミナカヌシノカミは、「天」という存在を意識させてくれます。つまり人間がいる世界が「地上」ならば、神々がいる世界は地上とは異なる「天」という世界であるという世界観から名づけられています。しかも、最初に名をもった神がいるところは、「天」の中心＝ミナカであり、彼はその主人＝ヌシであるという設定です。ここには中央を価値あるものとする考え方が潜んでいます。これは、東西南北の周辺を東夷《とうい》・西戎《せいじゅう》・南蛮・北狄《ほくてき》とさげすむ中国の中華思想の影響があるのかもしれません。

いずれにしても、アメノミナカヌシノカミは天界の中央にいるというだけで存在意義をもっているのです。いいかえれば、アメノミナカヌシノカミは天界の中央そのものであり、空間そのものなのかもしれません。ですから、彼はなにもしないのではなく、存在すること自体が意味をもっているので、「アメノミナカヌシノカミ」という名前が重要なのだとも考えられます。

空間ができただけでは、まだなにも始まりません。さまざまな物質が必要です。あくまで想念上のものですが、空間の中心が定まり、一定の空間が構成された後、そこに気体や固体、それに単細胞の生物なども生まれる必要があります。たとえていいますと、ミトコンドリアなどの単細胞生物は、古代人にとっては生き物とは意識されず、物質でしかなかったと思います。もちろんそれを現実世界で神が生んだわけではありませんが、現実世界の説明としての神話世界では、それらを生みだす神が必要となります。それがタカミムスビノカミなのではないでしょうか。

図5　3人の人物を描いた銅鐸　「3」という数字は安定性を象徴する（神戸市立博物館所蔵）

タカミムスビノカミの世界は、現代科学ではじゅうぶん有機的なものも含んだ世界だったかもしれませんが、古代人にとっては動物も人間もいない世界ですから、ある種、無機的な世界でした。これを色彩鮮やかな世界に作りあげていくのが神々です。その神々を生みだす神を出現させなければなりません。おそらく、それがカミムスビノカミなのでしょう。

なんとも複雑でややこしいことを考えたものです。

しかし、ややこしければややこしいほど、荘厳性は増すかもしれません。

彼ら三神は、独神であって、身を隠したということになっています。「身を隠す」の意味はいろいろに解釈できますが、ここでは、世界と一体化したと考えてはどうでしょうか。あくまで神話世界の話として、まず天界という世界が生まれ（アメノミナカヌシノカミ）、そこに物質を生みだす存在が現われ（タカミムスビノカミ）、さまざまな物質となり、さらに神を生みだす存在が登場し（カミムスビノカミ）、世界に溶け込んで一体となったのです。

天地二つの世界

『古事記』の文章は次のように続きます。

次に、国稚《わか》く浮ける脂《あぶら》の如《ごと》くして、くらげなすただよへる時に、葦牙《あしかび》の如く萌《も》え騰《あが》れる物に因《よ》りて成りし神の名は、宇摩志阿斯訶備比古遅神《うましあしかびひこぢのかみ》。次に、天之《あめの》常立神《とこたちのかみ》。此の二柱《ふたはしら》の神も亦《また》、並《とも》に独神《ひとりがみ》と成り坐《ま》して、身を隠しき。

とあります。

三神が登場した段階では、まだ世界は固定されておらず、水に浮かぶ脂のようにふわふわした状態であったというわけです。もちろん誰かが見てきたわけではありません。古代人の原初的な世界イメージです。そうした曖昧模糊《あいまいもこ》とした空間に、葦が成長するように黴《かび》のような物体が発生したわけです。もちろんこれもイメージにすぎません。そうした世界の表面を覆《おお》うように発生した物にも神を存在させ、ウマシアシカビヒコヂノカミと名づけています。

ウマシは「すばらしい。りっぱだ」という意味の古語です。ヒコは男性の美称で、ヂは敬称ですから、ウマシアシカビヒコヂノカミはすばらしい成長を見せる黴のような男性神ということになります。ここでは世界における生命力の発揚を感じさせる意図があるのかもしれません。

次のアメノトコタチノカミは、天上界に常に屹立《きつりつ》しているイメージの名前です。日本は温帯モンスーン地帯に属しています。その中には常緑樹もあります。そうした一年中緑を保っている常緑樹とその下草のイメージから、この二神の名がつけられたのかもしれませ

図6　単純な幾何学模様で異世界を表現した壁画（虎塚古墳）

ん。しかし、神話世界では、まだまだ樹木が繁茂する状況ではありません。世界（地球）が生まれたばかりなのです。まだ、海も大地も明確ではない漠然とした状況にすぎません。ですが、人間の想像力には限界があります。ふだん目にしている自然の中から神々の名前を考え出さなければなりません。そのため、世界が生まれて、少し生命の萌芽的な神の名前を考えようとした時に、照葉樹林文化に属する日本の古代の人々は、「アシカビヒコヂ」「トコタチ」といったネーミングをしてしまったのではないでしょうか。

そして、この二神もやはり独神で、身を隠します。

ここまでに登場した五神について、『古事記』は、

上《かみ》の件《くだり》の五柱《いつはしら》の神は、別天《ことあま》つ神ぞ。

として、天上界でも特別扱いの神となります。続いて『古事記』には、

次に、成りし神の名は、国之常立神《くにのとこたちのかみ》。次に、豊雲野神《とよくもののかみ》。此の二柱の神も亦、独神と成り坐《ま》して、身を隠しき。

とあります。ここに見える「国之常立神」は、先ほどの「天之常立神」と対《つい》の神様としか考えられません。『古事記』にはなんの説明もありませんが、天之常立神が天上界の生命力を表現するものならば、国之常立神は地上界の生命力を表現するものと考えざるをえません。

次の豊雲野神は、名前のイメージとしては、どこまでも続く雲海の広がるイメージです。これは地上から見た天上界のイメージでしょうか。それとも天上界から地上を見下ろすときの足場としてのイメージでしょうか。いずれにしましても、ここで「天と地」という二つの世界が登場してきました。

神話を考える人間は、地上の世界しか知りません。天上界のことは想像にすぎないので

す。その創造の世界をベールで覆っているのは、空に広がる雲海なのです。と同時に、雲のベールは一つの境界でもあります。雲の上はどうなっているかはわかりませんが、雲の下は人間たちの世界なのです。

しかし、こうした解釈も、あくまで一つの解釈であるにすぎません。古代においてもいろいろな考えや神話が存在しました。たとえば、『日本書紀』本文では、

　時に、天地の中に一物《ひとつのもの》生《な》れり。状《かたち》葦牙《あしかび》の如し。便《すなは》ち神と化為《な》る。国常立尊《くにのとこたちのみこと》と号《まう》す。

となっています。ウマシアシカビヒコヂノカミもアメノトコタチノカミも登場しないで、クニノトコタチノミコトだけが登場しています。ウマシアシカビヒコヂノカミはクニノトコタチノミコトの形容詞として「葦牙《あしかび》の如し」と表現されているだけです。そして、なんの説明もなく「天地《あめつち》」という表現が使われています。

これはこれで問題ないのです。

世界の始まりなど、本当のところは誰にもわかりません。なんとなく渾沌《こんとん》としたイメージが聞いている側に感じられる表現がされていれば、語りとしての神話は、それでじゅうぶんなのです。ようするに、世界が誕生したならば、次には天地が分かれる段階が必要な

のです。

さて、『古事記』ではこの後、男女五組の神々の名前が記されています。それを列記しますと、次のようになります。

神代七代

①　男神・ウヒヂニ神（宇比地邇神）　女神・スヒチニ神（須比智邇神）
②　男神・ツノグヒ神（角杙神）　女神・イクグヒ神（活杙神）
③　男神・オホトノヂ神（意富斗能地神）　女神・オホトノベ神（大斗乃弁神）
④　男神・オモダル神（於母陀流神）　女神・アヤカシコネ神（阿夜訶志古泥神）
⑤　男神・イザナキ神（伊耶那岐神）　女神・イザナミ神（伊耶那美神）

そして、

上《かみ》の件《くだり》の、国之常立神より以下《しも》、伊耶那美神より以前《さき》は、并《あは》せて神世七代《かむよななよ》と称《い》ふ。

と記されます。ここで、「神世七代」という表現がされていることが面白いことだと思います。七代という世代で表記しているということは、

国之常立神→豊雲野神→①→②→③→④→⑤

というように七代が継続したイメージを抱かせます。神様の一世代がどれくらいの時間を意味するのか、あるいは古代において意味させていたのかわかりませんが、アメノミナカ

ヌシが登場してからアメノトコタチノカミが登場してくるまででも、相当な時間経過をイメージさせていました。

このあと、最後のイザナキ・イザナミが国生み・神生みを行うことを考え合わせますと、七代もの神々の世代交代はさらなる時間の流れを想定しなければなりません。つまり、国土ができて、世界を統制する神々が生まれるまででも気の遠くなるような時間が必要であったことを、この「七代」は表現しているわけです。

これまた、現代の地球の歴史が、ガスが固まり惑星ができ、生命が誕生するまでに何十億年もかかったとされているのと一致して、とても面白いことです。昔も今も、思いつくことは同じなのでしょうか。そういう目で見ますと、①の男女の神に共通する「比地（智）＝ヒヂ」という言葉は「泥」を意味し、②で共通する「杙＝クヒ」は「身体の原型のきざし」を意味しますから、なんとなく渾沌とした状態から少し固まり始めて、泥のような状態になり、なにかの「兆し」を見せ始めたことをイメージさせるような神名になっているわけです。

世界が誕生したならば、さっさと神様が生まれて、その神様によって人間や動物たちが作られるという話にすればいいのに、その中間の時期をきちんと想定しているというのは、なかなか感動的ではないでしょうか。このあたりが、神話がたんなる昔話と違って、壮大なスケールで語られる存在であることのすばらしさです。昔話ですと、「むかし、むかし、あるところに」ですんでしまうところを、曖昧ではありますが、きちんとした時間の経過を踏まえているのです。ほんとうにすごいと感じます。

さて、イザナキ・イザナミが登場しました。

いよいよ、本格的な日本神話のお話となります。

イザナキ・イザナミ神話

イザナキ・イザナミの登場

まずは、『古事記』本文をみましょう。

是《ここ》に、天《あま》つ神 諸《もろもろ》の命《みこともち》以て、伊耶那岐命《いざなきのみこと》・伊耶那美命《いざなみのみこと》の二柱の神に詔《のりたま》はく、「是《こ》のただよへる国を修理《つくろ》ひ固《かた》め成せ」とのりたまひ、天《あめ》の沼《ぬ》矛《ほこ》を賜《たま》ひて、言《こと》依《よ》し賜ひき。故《かれ》、二柱の神、天の浮橋《うきはし》に立たして、其《そ》の沼矛を指し下《おろ》して画《か》きしかば、塩《しほ》こをろこをろに画《か》き鳴《な》して、引き上げし時に、其の矛の末《すゑ》より垂《しただ》り落ちし塩は、累《かさな》り積《つも》りて島と成りき。是《これ》、淤能碁呂島《おのごろしま》ぞ。

国固めの委任

突然、天の神々が登場します。「諸《もろもろ》」というのはどの神様を指すのでしょうか。具体性はありません。ただ、最初の五柱の神々と国之常立神《くにのとこたちのかみ》・豊雲野神《とよくものかみ》は「身を隠し」ているので、彼らを除外すると、宇比地邇神《うひぢにのかみ》から阿夜訶志古泥神《あやかしこねのかみ》に至る、四代四組の八神ということも考えられます。実際のさまざまな神話ではどうなるかは別として、『古事記』の中では論理的にはそういうことになります。

さて、四組の先輩の神々に、一番若手の「イザナキ・イザナミ」カップルがある使命を告げられます。その使命とは、「この渾沌とした世界を安定させよ」ということでした。脂が水に漂っているような不安定な世界を、しっかりと固まった世界にしなさいということです。とにかく生き物が存在するためには、しっかりとした大地が必要ですから、その拠点をイザナキ・イザナミに造らせようということです。

命令だけでは、若手二人はどうしたらよいかわかりませんから、神々は二神に「天《あめ》の沼《ぬ》矛《ほこ》」というアイテムを与えます。「言依《ことよ》せ」とあるのは、「委任」という意味合い以上のものがあるのではないかと思います。後の時代の『万葉集』巻一八・四一〇六の歌に「天地《あめつち》の　神ことよせて　春花の　盛りもあらむと　待たしけむ　時の盛りそ」とあって、「言依せ」には「言葉によって助力する」という意味があります。天の沼矛を与えると同時に、その使い方も教えたのでしょう。

アイテムも使用方法もわかっているなら、先輩の神々が自分たちで国固めをすればいいのにとも思いますが、そうではないのです。やはり新しい国を固めるには、若々しい二人のパワーが必要なのです。それゆえ、イザナキ・イザナミの二神に国固めが託されたのです。

天の浮橋

さて、先輩の神々から大地の整地を託された二神は、天の浮橋《うきはし》というところに出かけて行き、天の沼矛を刺し降ろして、どろどろした大地をかき回します。ここでいう天の浮橋というのは、神話の絵本などでは、天空の朧《おぼろ》にかかった虹のようなイメージで描かれることがしばしばです。浮橋というのですから、天に浮いた橋ということで虹をイメージするのは当然でしょう。しかし、高天原じたいが天空にあるのですから、ある意味、高天原も天空に浮いているのではないでしょうか。そこに「浮橋」というのも変な気がします。そもそも天の浮橋はいったいいつできたのでしょうか。いささか唐突なかんじがします。

しかし、まあ、七代もの時間が経っているのですから、じつは高天原にもいろいろなものができていてもおかしくはありません。私たちは橋というと、川に架かっている橋や、谷間に架かっている吊り橋をイメージします。そうした橋は高いところにある、橋の下より浮いたところにある、という固定概念があります。ですが、ひょっとすると、高天原か

図７　埼玉県鷲宮町に伝わる土師一流催馬楽神楽「浮橋の舞」
（久喜市教育委員会提供）

らみると、天の浮橋は地上寄りの、高天原の中では低いところに設置された橋なのかもしれません。橋というよりは、港の桟橋のような場所なのかもしれません。つまり高天原から突き出た橋です。橋は「端（はしっこ）」に通じますから、高天原から突き出した端っこの意味で、天の浮橋と言われたのかもしれません。その先はもう空中で、行きすぎると落ちてしまうような橋かもしれません。そうでも考えないと、どことどこに架かった橋なのか気になってしまいます。

次に天の沼矛ですが、これは孫悟空《そんごくう》の如意棒《にょいぼう》のように長く伸びる矛でしょうか。神様といえども、渡されて受け取ることができる矛の長さには限界があるはずです。地上から空の雲まででも四〇〇メートル《メートル》以上あります。リアルに考えることはナンセンスですが、古代の子どもたちが神話を聞いた時、どのように感じるかなという場面を想像してみますと、やっぱり、相当に長い矛でなければ、高天原からどろどろした大地には届かないだろうと考えてしまうはずです。

その意味でも天の浮橋の存在が重要になってきます。おそらく天の浮橋は高天原と少し異なる場所を想定させるための装置なのでしょう。先程は桟橋を考えましたが、そうではなく、孫悟空の觔斗雲《きんとうん》のように、思い描いたところに移動できる橋を想定した方がいいのかもしれません。そうすれば、変に長い矛を考えなくても大丈夫になります。

しかし、一方で「橋」は、ある種、象徴的な意味をもっています。

それは境界をつなぐものとしての意味です。

今でも、県境や村境が河川で区切られていることはしばしばあります。この川を越えると、別の村だったり、県だったりするわけです。つまり、自分が所属する共同体とは別の共同体、あるいは自分が住む地域とは別の地域へとつないでくれるのが「橋」なのです。それは現実世界だけの話ではありません。

平安時代のことですが、京の一条堀川に戻橋《もどりばし》という橋がありました。延喜十八年（九一八)、浄蔵《じょうぞう》が父の死を聞いて、修業先の熊野より帰京したところ、ちょうど一条戻橋で父の葬列と出会います。そこで、なんとか一目父に会いたいと祈願すると、父の三善清行《みよしきよゆき》が蘇生したというのです。つまり、あの世から戻ったということで、堀川に架かる一条橋を戻橋と称したというのです(『撰集抄《せんじゅうしょう》』巻七)。

図8　京都　一条戻橋（筆者撮影）

また、『平家物語』剣巻では、渡辺綱《わたなべのつな》がこの一条戻橋で女性に化けた鬼と出会って、その片腕を斬り落とした話が書かれています。現在では、この一条戻橋のすぐ近くに晴明神社《せいめいじんじゃ》があります。もとは陰陽師《おんみょうじ》の安倍晴明《あべのせいめい》の屋敷地だった場所と伝えられています。

　一条戻橋そのものは実在の橋ですが、ある条件のもとでは、この世とあの世を結ぶ橋になると信じられたわけです。橋にはなにか、そうした不可思議なイメージがあるのです。それは橋にそうしたイメージがあるというよりは、橋の向こうの未知の地域、未知の世界に対する不安感が生みだす幻想なのでしょう。その意味では、アメノミナカヌシノカミが登場して、明確になった高天原に比べて、まだ「浮ける脂の如く」して「ただよへる国」にすぎない世界は、まさに不安の塊《かたまり》のような世界です。そことの関係をもつには、異界への橋渡しをする「天の浮橋」がもっともふさわしい存在だったともいえましょう。

このように異界を結ぶ存在としての橋の考え方はほかにもあります。岩波書店の日本思想大系1『古事記』（以下、岩波版と表記）の頭注では、

船・虹・岩梯（岩石のはしご）などの説があるが、天地をむすぶ梯子（はしご）とみるべきであろう。ハシは空間的に離れたところの間を結ぶものを意味するが、水平の地点を結ぶ橋の場合だけでなく、上下の場合にもいったことは、ハシゴ・キザハシ（階）の例でも知られる。

と説明しています。つまり、「天の浮橋」を階段梯子と考えているわけです。しかし、階段梯子ならば浮く必要はありません。むしろ浮いていると不安定でしょうがありません。そして、梯子にイザナキとイザナミの二人が並んで天の沼矛を降ろすというのも、体勢的に苦しい感じがします。二人が立ち並ぶことができる形体を考えますと、水平の橋の方が

ふさわしいでしょう。もちろん高天原と地表とを結ぶという発想で考えますと、上から下への傾斜を想定でき、いささか梯子的ではありますが、そこまで具体的に考えると、神話として考えすぎではないかという気もします。

いずれにしましても、このように天の浮橋についても、いろいろな考え方ができます。

天の沼矛

さて、では、「天の沼矛」についてはどうでしょうか。先程は孫悟空の如意棒などと申しましたが、矛は武器です。槍のように長く、穂先がやや幅広で、両刃《もろは》になっている武器です。なぜ、国土を整地するのに武器である矛が使用されるのでしょうか。

これまた岩波版を参照しますと、「天の沼矛」の頭注には、

天つ神から賜った矛。「あメ」は天つ神にかかわるもの、ヌは瓊で玉のこと。天つ神から国土の修理固成を委ねられた印として賜ったもの。紀本文「天之瓊矛」、一書第一「天瓊戈」。

とあり、小学館版『古事記』（日本古典文学全集第二期、以下、小学館版と表記）には「天つ神の与えた玉飾りのある矛」と説明されています。はっきりいって、どちらの説明もよくわかりません。ヌが瓊のことというのは、『日本書紀』の該当箇所の本文に「瓊は、玉な

り。此《これ》をば努《ぬ》と云《い》ふ」と割注があるのに従ったものでしょう。しかし、これを玉飾りと考える根拠はとくにありません。むしろ素直に読めば、玉製の矛ということになります。矛が武器であることは変わりませんが、金属製であるよりは、玉製であるほうが、祭祀的ですし、貴重性を感じます。

ただ、まだ世の中には国土もなにもないはずですので、矛の本来的な武器による征服をストレートに象徴しているとは考えにくいのです。とはいえ、「天の浮橋」に象徴されるように、矛を突き刺す先が、高天原とは異世界であると想定しているならば、未知の地に及ぼすものは武器である方がふさわしいともいえます。

そこで、ストレートに武器をイメージする金属の矛ではなく、玉製の矛によって、多少、相手が受けるイメージを緩和させているのかもしれません。ただし、これは『日本書紀』本文の伝える「天之瓊矛」の場合の話です。『古事記』の場合は「瓊矛」ではなく「沼矛」です。神話研究者は、すぐに『日本書紀』と『古事記』を比較して、両方が同一の物を語っていると考えます。それも一つの考え方ですが、つねに最小公倍数を求める方法は危険です。とくにこのような神話については、幾千幾万のバリエーションがあると考える方が穏当です。それぞれが似ていても、どれか一つのイメージに無理に収斂《しゅうれん》させる必要はありません。

そうしますと、沼矛は沼のようにどろどろした所に刺し降ろす矛の意味でつけられたネーミングかもしれません。原因より先に結果があって、その結果から名前がつけられることも、よくあることです。「ただよへる国」はある意味、沼のような状態の地表をイメージさせます。そこに突き刺した矛だから沼矛と名づけられた可能性はじゅうぶんあります。『古事記』と『日本書紀』が同じ頃に編纂されているならば、一方で瓊矛と表記しているものを、同じ意味で使用するなら、わざわざ沼矛と表記する必要はありません。異なる漢字を使うところに、こちらの伝承では瓊矛ではなく沼矛なんだという主張があるようにも感じられます。

さて、その天の沼矛を刺して引き上げると、矛の先より塩が滴《したた》り落ちて積り、島となったというのです。そして、その島の名前をオノゴロ島と言ったとのことです。オノゴロ島の名前は、「自ずから＋成る」島ということでしょう。これはわかりやすいネーミングです。しかし、滴り落ちたのが塩だというのは、天の沼矛を刺し入れたところが海であったことをイメージさせます。海水をかき回して、引き上げると塩が滴ったという状況です。

塩の浄化

実はここで、神話世界から現実世界への転移が行われています。イザナキ・イザナミが天の沼矛を刺し入れた先は、どのような場所とも、どのような物質の中とも説明されていなかったはずです。しかし、塩が滴った以上は、そこは海でなければなりません。いつ海が誕生したのかは不明ですが、地球の誕生でも、ガスが集合して球体を形成し、初期には地球の表面はまだガス状態だったのが、いつの頃からか海が発生して、その海の中に生物が誕生したと考えられています。

その考え方と奇《く》しくも一致しています。

もっとも二神が天の沼矛でかき回していた時間はどれくらいか不明です。『古事記』の書き方ですと、そんなに長い時間ではないような感じですが、そこは神話ですから、実は「塩コヲロコヲロ二」と言いながらかき回していたのは、人間時間でいうと、ものすごく長い時間がかかっていたかもしれません。かき回すことで海が誕生し、その海に滴った塩がこぼれ重なり、オノゴロ島を形成したという設定なのかもしれません。

単純な発想としては、岩塩などが取れる地域の人たちには、大地の固いもとに成る部分は塩でできているという発想があったのかもしれない、などと考えたくなります。また、人間にとって塩は必需品で、塩分は血液の濃度を調節したり、体内の浸透圧を適正に保っ

図９　海は生命の源であり，多くの糧を人間に与えてくれる存在として崇拝の対象となった（鳥羽市菅島のしろんご祭，鳥羽市教育委員会提供）

て細胞内外の物質交換をスムーズにさせる役割を果たしています。もちろん摂《と》りすぎると高血圧症などの病気になりますが、古代人はそれほどの塩を摂取できなかったでしょうから、その心配はいらなかったかもしれません。

一方で、近代医術の知識はなかったでしょうから、塩が人体にどのような役割を果たしていたかわかっていなかったかもしれませんが、塩が不足すると病気になるということは経験的に理解していたかもしれません。なんらかの塩に対する思いがなければ、ここにわざわざ「矛の末《すゑ》より垂《しただ》り落ちし塩は、累《かさな》り積《つも》りて島と成りき」とは表現しなかったのではないでしょうか。海水が塩分を含んでいるから、ここに塩を登場させただけという単純な発想ではないと思います。海水は塩分を含んでいても、けっして島や陸地を作るわけではありませんから、ここの塩は岩塩をイメージしている可能性を考えてもよいかと思います。

さらに塩の特性をあげますと、「浄化作用」があります。

現在でも、神棚《かみだな》の前に塩を捧げ、店の前に盛り塩をしたりします。もっとも典型的な例は、お葬式に参列して、帰宅する前に玄関先で塩を撒《ま》いて穢《けが》れを祓《はら》います。これは海水が、海に流れ込んだものを浄化することから来ているそうです。これからイザナキ・イザナミがこのオノゴロ島でなにを行うかを考えてみてください。彼らはこれから国生みという神聖な行為を行うわけです。神聖な行為を行うためには、浄化された聖なる場所が必要となります。それゆえ、オノゴロ島は、塩で形成されなければならなかったのです。

このあたりまでは、かなり神話本来の大地の形成を描いているといえるでしょう。

オノゴロ島のイザナキ・イザナミ

それにしても、いきなり世界が誕生するのではなく、このように段階を踏んで、国土の成立を説明しているのは、かなり哲学的といえましょう。たんなるお話なら、説明など不要で、いきなり大地の上にイザナキ・イザナミが降り立ってもいいわけです。それをしないで、まがりなりにも大地の形成から説明するというのは、神話創作者たちにとって困難な作業を、あえて行っていると評価するべきでしょう。

さて、二神はこのオノゴロ島に降り立ちます。

其の島に天降《あまくだ》り坐《ま》して、天《あめ》の御柱《みはしら》を見立て、八尋殿《やひろどの》を見立てき。是《ここ》に、其の妹《いも》伊耶那《いざな》美命《みのみこと》を問ひて曰《い》ひしく、「汝《なむち》が身は、如何《いか》にか成れる」といひしに、答へて白《まを》ししく、「吾が身は、成り成りて成り合はぬ処一処《ひとところ》在《あ》り」とまをしき。爾《しか》くして、伊耶那岐命《いざなきのみこと》の詔《のりたま》ひしく、「我が身は、成り成りて成り余れる処一処在り。故《かれ》、此の吾が身の成り余れる処を以《もち》て、汝が身の成り合はぬ処を刺し塞《ふさ》ぎて、国土《くに》を生み成さむと以為《おも》ふ。生むは、奈何《いか》に」とのりたまひしに、伊耶那美命の答へて曰《い》ひしく、「然《しか》、善《よ》し」といひき。

オノゴロ島に降り立った二神は、まず「天の御柱」と「八尋殿」を見立てます。この「見立てる」という行為は、『日本国語大辞典 第二版』（小学館）によりますと、「しっかり見定めて立てる」という意味になります。しかし、この辞書の意味のままでは難解です。なにをしっかり見定めるのでしょうか。理屈からいいますと、立てる場所、大地ということでしょうか。立地といってもいいでしょう。そうすると、イザナキ・イザナミの二神は、

図10　マタニィティードレスを着た女性をイメージさせる土偶
（南アルプス市教育委員会所蔵）

オノゴロ島の中で、二つの建物を建てるのにふさわしい場所を探し、見定め、そこに「天の御柱」と「八尋殿」を建てたということになります。

小学館版の頭注では、「『見立』は見いだした、発見したの意。何もないはずの淤能碁呂島に、柱と殿とを発見した」と説明されています。この解釈も不思議な解釈です。なにもないオノゴロ島に柱と殿をどのように発見するのでしょうか。神話だから、そうした矛盾があっても当然ということなのでしょうか。もちろん神話ですから、超常現象は大前提です。むしろ、あって当然で、そのような解釈も成り立ちます。

ですが、もっと想像力を広げてみても面白いのではないでしょうか。つまり、天の沼矛から滴り落ちた塩がオノゴロ島を形成して、すぐに二神が島に降りてきたと読む必要はないのではないでしょうか。神話は時間を超越して描かれています。二神が沼矛で地表をかき回していた時間も無窮ならば、塩が滴り落ちて大地を形成する時間も無窮、そして二神がオノゴロ島に降り立つのも、島ができてから無窮の時間が経ってからのことと考えてはどうでしょうか。そうすれば、二神が降り立った頃には、オノゴロ島もさまざまな変化をきたしており、いろいろなものが形成されている状態になっていてもおかしくはありません。

「見立てる」という語には、「目の前にあるものを、それと共通点のある別の物だと仮に見なしたり扱ったりする」という意味があります。こちらの方で解釈しますと、二神は、高天原にある御柱と八尋殿に相当するものを、オノゴロ島で見いだしたということになります。かんたんに言いますと、御柱の代わりになる巨大な柱状の屹立物《きつりつぶつ》、八尋殿のように広い屋根のある場所ということでしょうか。

イメージとしては、御柱に代わる物は山であり、八尋殿に代わる物は洞穴が想定できます。

この問題はこのあとの行動にかかわりますが、まずは、二神は国土生成の儀式として、御柱と八尋殿を必要としていたことは確認できます。

国生み物語

さて、イザナキはイザナミに向かって、「あなたの身体はどのようにできていますか」と質問します。これに対して、イザナミは、「私の身体は、できあがってはいるけれど、一ヵ所不足した箇所があります」と答えます。その答えに対して、イザナキは、「自分の身体はできあがっているうえに、余っている箇所があります。この自分の余っている箇所で、あなたの不足した箇所をふさいで、国土を生みだしたいと考えますが、どうでしょうか」ともちかけ、イザナミも承諾するというふうに話が展開します。

国土生成の方法

ここでいう、イザナミの身体の不足する箇所とは女陰であり、イザナキの余った箇所というのが男根であることは、すぐに察することができます。

神による国土生成が人間の性交と同じ方法によってなされることになっています。これは、「生む」という行為を、人間の性交と同一にする方が、神話の聞き手にわかりやすいと、創作者が判断したためでしょうか。それとも、創作者にこれ以上の想像力がなかったからでしょうか。

しかし、これまでの神々の誕生は、なんの前触れもなく、突然、登場していますし、これ以後のイザナキの神生みは一人でもなされていることを考えると、国土生成だけは二神の合体による必要性を、神話創作者が感じていたためといえるのではないでしょうか。

図11　出産を表現した土器
（山梨県津金御所前遺跡，北杜市教育委員会提供）

根拠を提示することは難しいのですが、男神と女神の一組に国土の生成が委託されていることを考えても、ここに陰陽《いんよう》の二元論が潜んでいるような気がします。

陰陽は古代中国に成立した、物事の基本的な考え方です。影と光、日陰と日向、暗と明、寒と暖などの二つの対立概念を用いてすべての事象を解釈するものです。詩経《しきょう》や易経《えききょう》の形で日本に伝えられたのは欽明朝《きんめいちょう》以降のことでしょうが、それ以前から、民間の発想として日本に伝えられた可能性はあるでしょう。

また、イザナミの身体に対する質問も興味深く感じられます。高天原にいた時には、そのような質問はしなかったのでしょうか？　どうしてオノゴロ島に来てから、そのような質問を発したのでしょうか。

不思議です。

もしかすると、彼らは高天原から降りてきたときに、初めて生身の身体を得たのでしょうか。ちょっとオカルティックに考えますと、高天原では神々は霊体で存在し、神々が人間界に降りてきたときは、具体的な身体を有するようになるのではないでしょうか。それゆえ、初めて身体を有したイザナキが、自分の身体とイザナミの身体の相違について質問したとも考えられます。

逆の考え方をしますと、神々はそれぞれで完全体なので、一神ですべてを生みだすことができるのです。ところが、下界では陰陽の二体一組でないと、なにも生み出せない不完全体になってしまうということもいえます。

天の御柱を廻る

さて、いよいよ国生みです。

爾《しか》くして、伊耶那岐命の詔《のりたま》ひしく、「然《しか》らば、吾《あれ》と汝《なむち》と、是《こ》の天《あめ》の御《み》柱《はしら》を行き廻《めぐ》り逢《あ》ひて、みとのまぐはひを為《せ》む」とのりたまひき。如此《かく》期《ちぎ》りて、乃《すなは》ち詔ひしく、「汝は、右より廻り逢へ。我は、左より廻り逢はむ」とのりたまひき。約《ちぎ》り竟《をは》りて廻《めぐ》りし時に、伊耶那美命の先《ま》づ言はく、「あなにやし、えをとこを」といひ、後《のち》に伊耶那岐命の言ひしく、「あなにやし、えをとめを」といひき。

イザナミの了承が得られたイザナキは、「それなら、私とあなたとで、この天の御柱を回って、会いましょう。その後、みとのまぐわいをしましょう」と申し出ます。二神はそのように約束して、イザナキが、「あなたは右から回ってください。私は左から回ります。そして出逢いましょう」と言い、約束をして回って、出逢ったときに、イザナミが先に「まあ、なんていい男でしょう」と言い、その後で、イザナキが「ああ、なんていい女なんだ」と言います。

「みとのまぐわい」の「みと」とは、『日本国語大辞典　第二版』によりますと、「(『み』は接頭語。『と』は男性・女性の象徴部・陰部の意) 陰部の敬語」とあります。「成り合はぬ処」と「成り余れる処」の性交を強調した表現なのでしょう。それを行うための装置として、天の御柱が必要だったわけです。

『古事記』本文の表現ですと、ちょっと大きめの柱の周りをぐるっと廻ったイメージですが、本当にそうなのでしょうか。

最初から一緒にいるイザナミ・イザナキが、初めて出逢った男女のように、「あなにやし、えをとこを」「あなにやし、えをとめを」と言い合うのは、少し不自然ではないでしょうか。ここにも神話特有の時間の短縮が行われているのではないでしょうか。

つまり、この天の御柱は、周囲数メートルくらいの巨木ではなく、もっともっと広大な山々のように天に聳《そび》える存在だったのではないでしょうか。

イザナミ・イザナキは手を携《たずさ》えてオノゴロ島に降りてきた二神ですが、この二神に人間界で夫婦となるべき男女を象徴させている側面もあります。人間の男女は、生まれも育ちも別々です。その別々に育った二人が、この世に生まれおちてから（オノゴロ島に降臨してから）、さまざまな人生を経て（天の御柱を廻って）、その結果ようやく出逢う。そして伴侶となる。そうした人間界の男女の出逢いを、二神は天の御柱を廻ることで象徴しているのではないかということです。

天の御柱については、いろいろな考え方があると思います。しかし、オノゴロ島にあるのは、本物の天の御柱ではなく、あくまでそれに見立てられたものです。この「見立て」という表現は、とても巧妙な表現です。いろいろな考え方を、そして可能性を暗示しています。どれだけの太さであるとか、高さであるとか、そうしたことは神話の聞き手しだいに想像できる可能性です。

まさに人生そのもののような気がします。婚姻すべき男女が出逢うのは、人によっては生まれおちてすぐかもしれません。また人によってはなかなか巡り合えないかもしれません。十代で婚姻する人もいれば、三十代で初めて運命の人と出逢う場合もあります。そして、最悪な場合には出逢うべき二人が、なにかのすれ違いで会えなくなってしまう場合もあるでしょう。天の御柱は、けっして、すぐにクルリと回れるようなかんたんな柱ではないのです。

それゆえ、天の御柱を廻った二神は、初めて出逢う二人を演じなければならないのです。その出逢いに対する驚きが、「あなにやし、えをとこを」であり、「あなにやし、えをとめを」なのです。人生は山あり谷ありで、運命の二人といえども、必ずしも出逢えるとは限らないのです。それだけに出逢えた喜びはひとしおで、感嘆の言葉となるのです。

さて続きを見ましょう。

各《おのおの》言ひ竟《をは》しり後に、其《そ》の妹《いも》に告《の》らして曰《い》ひしく、「女人《をみな》の先《ま》づ言ひつるは、良くあらず」といひき。然《しか》れども、くみどに興《おこ》して生みし子は、水蛭子《ひるこ》。此の子は、葦船《あしぶね》に入れて流し去りき。次に、淡島《あはしま》を生みき。是《これ》も亦《また》、子の例《つら》に入れず。

ヒルコと淡島

再会の喜びを口にした二神でしたが、イザナキには気になることがありました。それは、「女性の方から先に声をかけたのは、良くないのでは……」ということです。どうやら、『古事記』神話が書かれた時代にも、プロポーズは男性からという暗黙の了解があったようです。とはいえ、やってしまったことは、いまさら取り返しがつきません。気にはなるものの、そのまま「くみど（寝所）」に入り、性交しました。果たせるかな、生まれた子はヒルコでした。この子は葦船に入れて流してしまいました。次に生まれた子は、淡島でした。この子も実子の中に入れませんでした。

ここにいうヒルコとは、小学館版の頭注によりますと、「島たりえないぐにゃぐにゃのものを蛭にたとえていう」ということです。蛭は水辺に生息しています。池沼や水田などで古代人もよく見かけたはずです。そのうえ動物や人間にくっついて皮膚から吸血しますから、なんとなく動物の不成形の存在というイメージがあったのかもしれません。そこで不成形のもののたとえとして、ここでもヒルコという命名が行われているのでしょう。

このヒルコは放置されたのではなく、流されています。この流すという行為は、「流産」「堕胎《だたい》」という妊娠に関わる用語を想像させます。「妊娠→出産→誕生」という一般的なあり方に対して、マイナス事象として、「流産」「堕胎」が存在します。ここでは、流産のイメージが強いでしょうか。とすると、ここでの国生みは、人間の出産をイメージして創作されているといえましょう。

図12　奇妙な人体をレリーフした人体文有孔鍔付土器（厚木市教育委員会所蔵）

第二子も泡のようにふわふわした存在。淡い存在ということで「淡島」と名づけられています。この淡島はヒルコのようには流されませんでしたが、実子の数には入れてもらえませんでした。この違いはなんでしょうか。

なかなか述べにくい事柄ですが、ヒルコは流産した子で、いわば死産なので、流されたのでしょう。淡島は無事出産できたものの、成形に問題がある子だったので、子どもとして育てはするけれど、正式な子としては世間に公表しない、ということなのでしょう。縄文時代や弥生時代は、まだまだ生活条件が厳しかったでしょうから、生まれてくる子どもも、その厳しさの中で育てられ、弱者は切り捨てられる面があった可能性は高いと思われます。

もちろん成人してから、狩りや農作業において事故にあい、身体を損傷する人もいたでしょうから、身体に不具合があるからといってすぐに差別されたかどうかはわかりません。しかし、生まれた時から身体に損傷をもっているからといって、現在のように人道的保護を受けるということはなかったでしょうから、ハンディキャップをもったことは想像に難くありません。また、一家の長、一族の長としては、強い存在が望まれたでしょうから、ハンディキャップをもった人は選ばれにくいという社会的環境にあったことも想像できます。

さらに想像を膨らませると、当時は現在よりもはるかに早熟婚だったでしょうから、幼い女体から生まれる子どもには、ヒルコ・淡島のような存在が生じやすかったことも考えられます。出産は、今のように安全だったわけではないのです。時には、母体をも危険な状態に陥らせることもしばしばだったでしょう。現代のような医学に見守られて出産するわけではなく、すべてが運に委ねられていたといえます。そうした出産の困難さを、このヒルコ・淡島は象徴していると考えて問題ないと思います。

二度の出産に失敗した二神は、問題解決のために一緒に高天原に戻ります。

フトマニの占い

是《ここ》に、二柱の神の議《はか》りて云《い》はく、「今吾《わ》が生める子、良くあらず。猶《なほ》天《あま》つ神の御所《みもと》に白《まを》すべし」といひて、即《すなは》ち共に参《ま》ゐ上《のぼ》り、天つ神の命《みこと》を請《こ》ひき。爾《しか》くして、天つ神の命以《もち》て、ふとまにに卜相《うらな》ひて詔ひしく、「女《をみな》の先づ言ひしに因《よ》りて、良くあらず。亦、還《かへ》り降《くだ》りて改め言へ」とのりたまひき。故爾《かれしか》くして、返り降《くだ》りて、更《さら》に其の天の御柱を往《ゆ》き廻《めぐ》ること、先の如し。

イザナキ・イザナミは相談して、「今、私たちが生んだ子は、よくなかった。そこで、天つ神の所へ行って報告しよう」ということで、二神そろって天上界に上って行き、天つ神の助言を求めました。そこで、天つ神がフトマニという占いで占ったところ、「女神が先に言葉をかけたのがよくなかったのだ。再び還り降りて、言い直しなさい」とおっしゃった。二神は返り降りて、再び天の御柱を廻りなおします。

フトマニについては、このずっと後の「天《あめ》の岩屋《いわや》」にアマテラスが籠った場面で、「天《あめの》

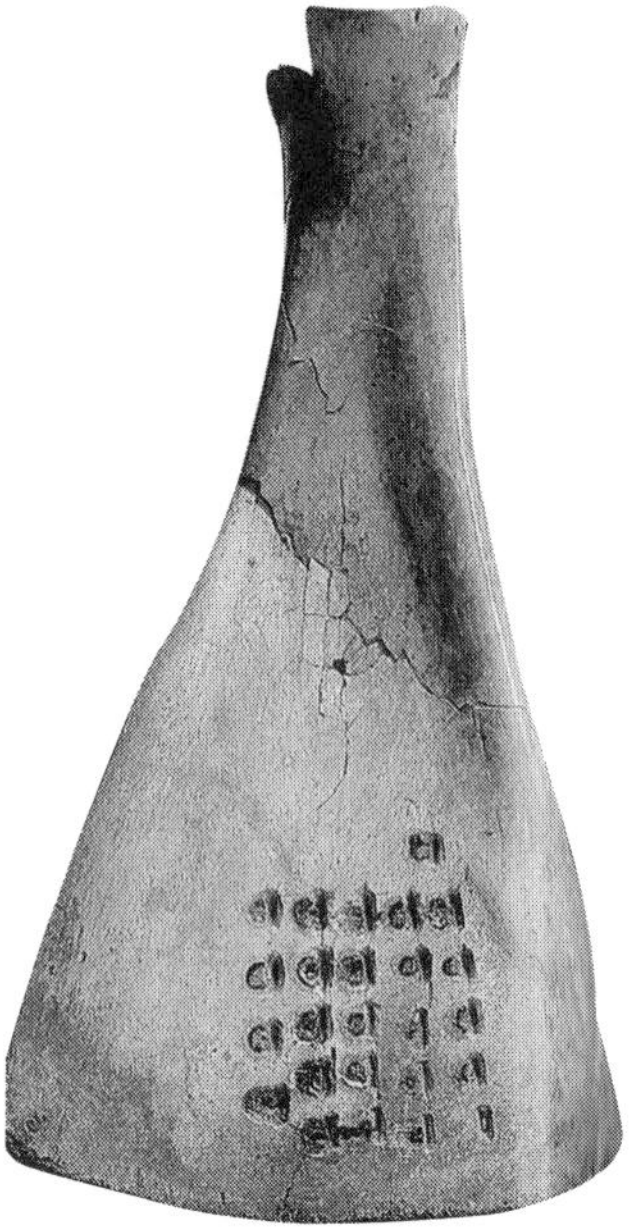

図13　刻辞卜骨
（商時代，中国安陽市出土，中国社会科学院考古学研究所所蔵）

児屋命《こやねのみこと》・布《ふ》刀《と》玉命《たまのみこと》を召して、天《あめ》の香山《かぐやま》の真男鹿《まをしか》の肩を内抜《うつぬ》きに抜きて、天の香山の天《あめ》のははかを取りて、占合《うらな》ひまかなはしめ」と出てきます。この布刀玉命が関わった占い方法がフトマニと考えられています。その占い方法は、天の香山に住む正真正銘の牡鹿の肩甲骨をそっくり抜き取り、それを天の香山に生えているハハカの木（カニワ桜）で炙《あぶ》って占ったものです。おそらくは炎で炙られて、肩甲骨にひびが入り、そのひびの具合で占ったものでしょう。

『日本書紀』巻第二・神代下・第九段（一書第二）に「天児屋命《あまのこやねのみこと》は、神事《かむごと》を主《つかさど》る宗源者《もと》なり。故、太占《ふとまに》の卜事《うらごと》を以て、仕え奉らしむ」と出てきます。こちらでは布刀玉命は出てきていません。布刀玉命という神様は、逆にフトマニという占いから発想されて生みだされた神名と考える方が自然かもしれません。『日本書紀』巻第一・神代上・第七段（本文）には、「中臣連《なかとみのむらじ》の遠祖《とおつおや》天児屋命《あまのこやねのみこと》、忌部《いんべ》の遠祖太玉命《ふとたまのみこと》」と出てきて、天児屋命が中臣氏の祖先神、太玉命が忌部氏の祖先神とされています。中臣・忌部ともに朝廷祭祀を司《つかさど》る氏族です。彼らも人間なので、祖先が神様というのは創作でしょうが、祖先神じたいが神事を司り、占いを業としているのは、まさに自分たちの職掌の投影です。中臣・忌部という朝廷祭祀の氏族がいて、彼らの祖先神としてふさわしい神々が、のちに創作されたと考えられましょう。

　動物の骨を焼いて占う方法は、三世紀の邪馬台国《やまたいこく》の風俗にも見出せます。『魏志倭人伝《ぎしわじんでん》』に、

　その俗挙事行来《こうらい》に、云為《うんい》する所あれば、輒《すなわ》ち骨を灼《や》きて卜《ぼく》し、以て吉凶を占《うらな》い、先ず卜する所を告ぐ。その辞《ことば》は令亀《れいき》の法の如く、火坼《かたく》を視て兆を占う。

とあります。石原道博氏の『新訂　魏志倭人伝　他二編』（岩波文庫、一九五一年）の補注に、

　唐の段公路の『北戸録』巻二・鶏卵卜の条には「倭国、大事は輒《すなわ》ち骨を灼いて以て卜す、先ず中州の令亀の如からしめ、坼を視て吉凶を占うなり」とみえている。

という指摘があります。古代日本では狩猟採集の時代から飛鳥時代にかけて、骨卜が行わ

れていたことが確認できます。日本の古代食生活を考えた時、肉を意味するシシという総称は、猪・鹿の肉に由来しています。猪も鹿も繁殖力が強く、日本列島にたくさんいたのでしょう。科学がない時代、占いは日常的に必要とされ、そのためには占いの材料が豊富に供給される条件が整っていなければなりません。その意味でも、たくさん獲れる鹿の骨がよかったのでしょう。猪よりも鹿の骨が選ばれたのは、肩甲骨が占いに適した形をしていたためかと思われます。

神の占い

さて、ここで、イザナキ・イザナミ二神が訪ねた天つ神とはいったい誰なのでしょうか。なぜか名前がありません。フトマニの占いをしているところをみると、天児屋命なのかもしれません。しかし、それではどうして天児屋命と明記しないのでしょうか。

また、神が占いをするというのもおかしな構図です。占いとは神の言葉を聞くことであり、運命の神の真意をはかるものです。その神が占いをするのは本末転倒です。どちらかというと、この場面は、人間の夫婦が、じょうぶな子どもを授かるために、村のシャーマンに占いをお願いしているシーンを思わせます。

このあたりも、説明的なお話が後に挿入された可能性を感じずにはいられません。本来は、神様の話なので、理屈は不要です。二神で国土を生みだしたという話をすればいいだけです。そこに人間の出産的要素をもち込んだのは、話のバリエーションであり、どのように生んだのかという質問に対する、後づけの説明的箇所といえましょう。

この部分は、『日本書紀』本文では、

陽神《をかみ》は左より旋《めぐ》り、陰神《めかみ》は右より旋る。国の柱《みはしら》を分巡《めぐ》りて、同《ひと》しく一面《ひとつおもて》に会ひき。時に、陰神先《ま》づ唱へて曰《のたま》はく、「あなうれしゑや、うまし少男《をとこ》に遇《あ》ひぬること」とのたまふ。陽神悦《よろこ》びずして曰はく、「吾《われ》は是男子《これますらを》なり。理《ことわり》まさに先づ唱ふべし。如何《いかに》ぞ婦人《たわやめ》にして、反《かへ》りて言先《ことさきだ》つや。事既《すで》に不祥《さがな》し。以て改め旋《めぐ》るべし」とのたまふ。是に、二《ふたはしら》の神却《かへ》りて更に相遇《あ》ひたまひぬ。

とあります。『日本書紀』の神話では、まちがいに気づいたイザナキが、そのことを指摘して、天の御柱を廻りなおして、声をかける順番もやりなおしています。こちらですと、「天つ神」もフトマニも必要はありません。

ところで、この場面でいちばんの問題は、女性が先に声をかけたことが出産の失敗の原因だとされていることです。男性は女性を守るべき存在だとする、西洋でいう騎士道のような倫理観がある時代ならばいざしらず、男性からプロポーズするべきであるという考え方は、いったいいつ頃成立したものでしょうか。すくなくともイザナミが先に声をかけているところを見ると、そうした現実が存在したことも認めざるをえません。それが、ある時期から男性が婚姻のリーダーシップをとる社会へと変容したのか、『古事記』編纂時には、そうした男性中心社会になっていたのかのどちらかと考える必要があります。

母系制と父系制

古代社会について、早くから母系制社会という考えが提起されていて、それが次第に父系制社会へと移行していったという考えがあり、父系制社会の前に双系制社会があったとする考えも提示されています。しかし、母系制社会では女性がプロポーズして、父系制社会になると男性がプロポーズするようになるといった単純なものではないでしょう。母系・父系の問題と、婚姻におけるプロポーズの問題は、関係をもっているようで、実は厳密には無関係と考えます。

ここにいう母系制社会というのは、モルガンやエンゲルスといった外国の研究者が唱えた理論です。かんたんに説明しますと、母から娘へと系譜が継承されるというものです。多くの社会では、父から息子へと家系が継承されている現象が見られますが、それ以前においては、夫は妻方に居住し、夫婦の間にできた子どもも母系集団に帰属し、財産も母方から相続した社会があった、という考え方です。そして、父系制つまり父から息子への継

図14　東西南北の方角に霊性を見い出した社会の表現
（高松塚古墳壁画　玄武）

承形式は、男性労働力が社会において重要性をもつようになると発生すると説明されてきました。

現代では、核家族が一般的で、父系制が確かめられるのは、女性が婚姻と同時に夫方の姓に変わることぐらいでしょうか。それも夫婦別姓によって揺らいでいます。

政治集団が形成され、そのリーダーが男性になれば、当然、父系制的発想が生まれます。家は最小の政治集団の単位だからです。政治的リーダーが男性によって継承されれば、家も男性によって継承されるという現象が自然に発生します。こうなりますと、家に付随する財産なども父系によって相続されやすくなります。ただし、集団のトップが男性であっても、あくまで家のリーダーが女性という家があってもおかしくはありません。ごく稀でしょうが、男性中心社会における母系制家族の存在は否定できません。

このイザナミとイザナキの「みとのまぐわい」の場面で、女性であるイザナミが先に声をかけたのは母系制社会のなごりで、それを否定したのは父系制社会が登場してきた現われと見ることもできます。男性であるイザナキが主導権を握ろうとしているからです。

そもそも日本における女性史研究のはじまりは、こうした男性中心的な考え方に反発したことから始まっています。日本における母系制研究の草分け的存在である高群逸枝《たかむれいつえ》さん（一八九四〜一九六四）は、その著『母系制の研究（上）』（講談社文庫、一九七九年）の例言の中で、次のように述べています。

著者は、このしごとにおいては、げんみつには学問的寄与をこころざすものにすぎないが、とはいえ、しごとへの情熱そのものは、このこと—女性史の闡明—によって、女性解放への歴史的根拠を明らかならしめ、男性中心の歴史観を訂し、人類進歩の正常化に役立たせたいという、やみがたいねがいにもとづいているのであって、この女性史を自ら「女性と祖国への愛の書」とよんでいるのは、この意味にほかならない。

つまり、女性史研究の目的は、女性の解放・復権、女性の再評価にあったわけです。この姿勢は現在も引き継がれています。関口裕子さんが、『日本女性史1 原始・古代』（東京大学出版会、一九八二年）の編集後記において、「女性が男性の隷属下に組み込まれていった過程と要因を追及し、そのことによって逆に現代の女性解放の条件を解明する」ことを古代女性史研究の課題とされたことも、まさにこの延長線上に捉えられます。

もっとも一九八〇年代は、女性の会社内での役割が改善され始め、若者社会においては、男性はアッシー君、メッシー君と呼ばれ、女性の運転手、財布代わりに扱われているという現象もありました。こうした実情（これも一部ですが）を見ますと、なにをもって、その社会を男性優位、女性優位と見るかはむずかしいことがわかります。

プロポーズと姫彦制

話を元に戻しますと、その社会の生産の主体が男性であるか、女性であるかという問題や、母系制か父系制かという問題も、こと婚姻に際してのプロポーズが、男女どちらが先に声をかけるべきだったかという問題には、明確な答えを与えてくれそうにありません。ことに農耕社会になると、男女の別なく農作業に従事しており、どちらが主体とは言いにくい状況でした。

では、この時に、イザナキや天つ神が、男性から声をかけるべきと主張する根拠はなんだったのでしょうか。

実はこの問題を解くのは、なかなか困難なのです。この問題に関する研究はほとんど見当たらないからです。婚姻相手にどちらから声をかけるかなど、どうでもいいようなことです。それなのに『古事記』では、絶対的に男性から声をかけなければなりません。女性から声をかけると、ヒルコが生まれてしまっています。もちろん、現実問題として、どちらから声をかけたら、その結果はどうなるなどということはありません。あくまで意識の問題であり、習俗の問題です。

この問題について、万葉学者の伊藤博氏が、このイザナキ・イザナミの婚姻を俎上《そじょう》にあげてストレートな見解を述べています（「女から男へ――萬葉集一つの方法」『文学《万葉集を読む》』第五十六巻第六号、一九八八年）。

古代の求婚においては男が先に言問《ことど》うべきだという厳しい習慣があった。萬葉集は、男（雄略天皇）の女（野辺の娘子）への妻問いの歌によって始まる。また、巻十春相聞には、

春さればまづ鳴く鳥のうぐひすの言先立《ことさきだ》ちし君をし待たむ（一九三五）

という歌もある。逆に、女が先に言問いをすることで婚姻の成立する例を、上代の文献から拾うことはむつかしい。岐美二神のこの話は、宇宙における最も厳粛な事件の一つである結婚という聖事に際して、男女がそれぞれいかにあるべきかを、古代日本人の民俗に即して伝えるものと見るべきであろう。

そして、このような民俗が成立した理由としては、妻問《つまど》い婚《こん》の習慣と、女性のシャーマン的要素を取り上げて、「古代の婚姻において、女に向かって男がかならず先に言問《ことど》わなければならないという不思議な習慣も、女の自主を尊重することであって、つまるところは姫彦制に由来するはずである」（同論文）と説明されています。

ここでいう姫彦《ひめひこ》制とは、古代日本は、女性祭祀者と男性政治家の組み合わせで、集団の運営がなされていたと考える説です。この場合、女性と男性は肉親同士であることが一般的です。いちばんわかりやすい例が、ヤマタイ国の卑弥呼《ひみこ》と男弟王《だんていおう》の関係でしょう。しかし、こうした形態、男女が協力して運営することを、ことさら姫彦制と名づける必要があるのか、あるいは名づけることが妥当であるのかは、むずかしいものがあります。男女の組み合わせでいえば、夫婦はもっとも典型的な組み合わせであり、妻である女性と夫である男性が、「家（イエ）」という集団をまとめていっているわけです。このごく自然な形態

図15　シャーマンの王として著名な邪馬台国のヒミコ
（安田靫彦画「卑弥呼」，滋賀県立近代美術館所蔵）

に、特別な用語を使用する必要があるのかどうか。

夫婦の組み合せ

これまで見てきました神々も、男女一組がセットになっている場合がしばしばでした。イザナキ・イザナミもそうです。「〇〇彦命・〇〇姫命」というのは、兄妹というイメージを我々に与えます。実際、神話上の設定は兄妹なのでしょう。しかし、男女の組み合わせは、夫婦の組み合わせから発想されている可能性も大いにあります。それが男女の組み合わせとして、いちばん自然なカップルだからです。

極端なことを申し上げますと、卑弥呼の肉親に弟（男性）がいなかった場合はどうなったのでしょうか。また妹しかいなかった場合は、どうなっていたのでしょうか。肉親に男女の組み合わせが存在するのは、ある種、偶然性に左右されますが、夫婦が男女であるのは絶対的です。

古典文学研究者の西郷信綱氏は、イザナキ・イザナミ二神を兄妹と考え、二人の婚姻を近親相姦《そうかん》と理解しています（『古事記研究』未來社、一九七三年）。ただし、ヒルコが生まれた理由については、「この国生みの話が知的・政治的にかなり進んだ時代の産物であり」（七三頁）、近親相姦の結果とは見ていません。そして、この場面については、「日本の古代社会には兄と妹との紐帯がまだ強く生きていたこと、そしてイザナキ・イザナミという神話上の最初の夫婦が兄妹であるのは、この紐帯の神話的象徴化にほかならないという点」（七八頁）に重要性があると述べています。

この西郷氏の考えた、イザナキ・イザナミが兄・妹であり、二人の婚姻が近親相姦であるという説は広く受け入れられ、ほとんど定説化しています。

神道学者の西田長男氏は、台湾・インドネシアなど広く東南アジアには洪水伝説があり、「あるときの洪水のために人類はほとんど死に絶え、残ったのは兄妹もしくは親子の二人のみであった。彼らのみが子孫を残すことができるのであるが、しかし近親結婚のタブーがある」（『日本神道史研究』第一巻、四二二頁、講談社、一九七八年）と指摘します。洪水伝説そのものは全世界的といえるかもしれません。『旧約聖書』のノアの方舟《はこぶね》伝説もそうでしょうし、中国古代の伏羲《ふっき》と女媧《じょか》の伝説も同じく洪水伝説です。

ノアの方舟伝説は有名ですから、かんたんに書きますと、神の怒りで世界が海に没した際に、ノアが生物を雌雄一組ずつ巨船に乗せて助けたという話です。

また、伏羲と女媧の話は、中国の少数民族の苗族《ミャオ》に伝えられた神話です。それによりますと、伏羲と女媧の父が雷公と戦った際に、雷公が洪水を起こして攻めたため、伏羲と女媧の二人を残して人類が滅亡してしまい、二人は婚姻して人類の祖となったという話です。

図16　太陽を背景に航海に出る舟に案内役の鳥が描かれている（福岡県珍敷塚古墳の壁画）

たとえば、洪水伝説について考えますと、そのような洪水が過去に起こった事実を確認することができるでしょうか。すくなくとも神話が記された時代には無理ではないかと思います。とすると、洪水の結果、兄妹（男女）の二人が生き残り、その二人が婚姻して子孫を増やしたということも、当然、史実ではなく、あくまで想像上の出来事と理解するしかありません。

一方で、近親相姦そのものは、別段、古代社会にだけ行われた特別なことではありません。ほとんどどの時代にも行われたことで、現代でもいろいろなパターンで近親相姦は存在しています。もちろん、近親相姦は社会的には否定され続けているのでしょうが、犯罪がなくならないのと同じように、社会の暗部として存在し続けています。けっして遠い古代だけの問題ではないのです。

また、近親相姦で不具合のある子が生まれるというのは、ある種の後ろめたさから生じる思い込みに近いものがあります。最初の近親相姦では、そのようなことはいえないかと思います。近親相姦が繰り返されると、そうした異常出産が現出する可能性が高まるかもしれませんが、最初の近親相姦では、それほど一般的な性交と変わらない結果をもたらすと考えられます。

それに、もし、近親相姦によって身体に障害のある子が生まれると考えているのなら、イザナキ・イザナミを兄・妹と設定する理由はなんでしょうか。彼らは神であり、愚かな人間ではありません。彼らに異常婚姻を強いる理由はありません。そして、実際に、兄・

妹であるにも関わらず、男性から求婚した場合には、正常に国生みを達成しています。もし、兄・妹という近親相姦によって、問題のある子が生まれるというのならば、その後も国生みに失敗し続けなければなりません。ですが、神話のストーリーはそうなっていません。

このような状況を考慮すると、これまでの古典研究者の方々は、あまりに神話を古代社会の実態そのものと結びつけすぎていたのではないかと思います。神話である以上、人間の想像力によって作られたものです。それゆえ、イザナキ・イザナミを兄・妹に設定することも、親子に設定することも、夫婦にすることも自由自在です。あるいは、実際に古代社会にあった近親相姦への背徳感を、神々の行為とすることで特殊化し、神話の中で昇華させてしまおうと考えたのかもしれません。

こうしたなかで、中西進氏は興味深い見解を展開しています。まず、イザナキ・イザナミが兄・妹であり、それが中国の伏羲・女媧の関係と共通していることを確認したうえで、「これを現代の術語をもって近親相姦と呼んだり、その結果、水蛭子《ひるこ》が生まれたのだなどと考えたりすることは間違っている」と、近親相姦説を否定します。そしてヒルコは本来「日る子」であるという説を紹介して、そこに最初の子は不具者が生まれるという思想が入り込み、「日る子」は「水蛭子」に変質したのだとします。

中西氏は、出産の失敗理由についての女性からの求婚についての説明も行っています。少し長いのですが、引用しましょう（『古事記をよむ1　天つ神の世界』六二頁、角川書店、一九八五年）。

本来は日る子であったものが、水蛭子に変質したきっかけに、失敗というモチーフもあった。今、失敗というモチーフは、女が先に「阿那邇夜志愛袁登古袁」と言ったのがいけないという理由付けとなって入り込んでいる。男性優先の思想で、これは儒教的なものの考え方が入ってきてからの思想と思われる。古く日本では女性が優先した。（中略）両親は普通「母父《おもちち》」であった。こういう言い方は結婚形態に由来し、子供が母親の所に居るので「母父」となった。今は父母でなく男女であるが、やはり、女が先だといけないという考えは、新しい要素で、付け加えられたものと考えてよいだろう。

中西氏は、天の御柱の廻り方にも注目し、男性が左から右へ、女性が右から左へ廻るのは中国的で、「『古事記』の話は中国思想によっていると断じて間違いないだろう」（同書）と断言しています。『古事記』の表現に中国思想の影響があるのは、おそらく中西氏の指摘の通りだと思いますが、実際の古代社会にそうした発想が生まれてきたのは、中国思想の影響がなくとも起こりうることです。ようするに男性中心の社会が生まれてくると起こりうることではないでしょうか。

国生み

ただ、この問題を婚姻や恋愛のこととして考えると、これ以上の詮索は困難だと思います。そこで、このイザナキ・イザナミの婚姻が、子を生むためのものではなく、国土（具体的には島々）を生むためのものであったことに立ちかえって考えてみたいと思います。

国生みとは、この場面では海上に島を現出させることですが、大陸的に考えますと、国土開発を意味します。原野を切り開き、国土を広げる作業は、過酷な労働を必要とします。それは体力のある男性の仕事といえるのではないでしょうか。農耕社会においては、男性が田畑を開拓し、その土地に女性が植物を生育させる、という役割を考えたいと思います。そうしますと、国土開発＝国生みの主役は男性となります。それゆえ、主役である男性が声をかけなければだめなのではないでしょうか。女性が国土を切り開こうとしても、体力的に失敗するということを象徴していると考えますと、案外、かんたんにこの場面を理解することができるように思えます。

とりあえず、次の場面を見ることにしましょう。

是《ここ》に、伊耶那岐命《いざなきのみこと》の先づ言はく、「あなにやし、えをとめを」といひ、後《のち》に妹伊耶那《いもいざな》美命《みのみこと》の言ひしく、「あなにやし、えをとこを」といひき。如此《かく》言ひ竟《をは》りて御合《みあひ》して、生みし子は、淡道之穂之狭別島《あはぢのほのさわけのしま》。次に、伊予之二名島《いよのふたなのしま》を生みき。此の島は、身一つにして面《おもて》四《よ》つ有り。面ごとに名有り。故《かれ》、伊予国は愛比売《えひめ》と謂《い》ひ、讃岐国《さぬきのくに》は飯依比《いひよりひ》古《こ》と謂ひ、粟国《あはのくに》は大宜都比売《おほげつひめ》と謂ひ、土左国《とさのくに》は建依別《たけよりわけ》と謂ふ。次に、隠伎之三子島《おきのみつごのしま》を生みき。亦《また》の名は、天之忍許呂別《あめのおしころわけ》。次に、筑紫島《つくしのしま》を生みき。此の島も亦、身一つにして面《おもて》四つ有り。面《おもて》ごとに名有り。故《かれ》、筑紫国は白日別《しらひわけ》と謂ひ、豊国《とよくに》は豊日別《とよひわけ》と謂《い》ひ、肥国《ひのくに》は建日向日豊久士比泥別《たけひむかひとよくじひねわけ》と謂ひ、熊曽国《くまそのくに》は建日別《たけひわけ》と謂ふ。

今度は男神のイザナキから声をかけて「御合」して、無事に島々を生みだしていくことができていきます。二神が生んだ島を列記しますと、次のようになります。

淡道之穂之狭別島（淡路島）
伊予之二名島（伊予国・讃岐国・粟国・土左国）
隠伎之三子島（隠岐島）
筑紫島（筑紫国・豊国・肥国・熊曽国）

これは見てすぐわかりますように、淡道之穂之狭別島は兵庫県の淡路島、伊予之二名島は四国、隠伎之三子島は隠岐、筑紫島は九州をイメージしています。

ここで注意すべき国があります。それは粟国です。粟国の名は大宜都比売とされています。オホゲツヒメは後にスサノヲに殺害される神様です。スサノヲが高天原から追放される時、食物を請《こ》いにオホゲツヒメのもとを訪れます。その時、オホゲツヒメは鼻・口・尻から美味しいものをとりだし、それを料理してスサノヲに提供するのですが、スサノヲは汚れた物を食べさせられると勘違いして、オホゲツヒメを殺害するのです。そしてオホゲツヒメの死体からさまざまな穀物の種が得られるという展開になり、オホゲツヒメは食物の始祖神的存在として描かれているのです。

つまり、オホゲツヒメは高天原の神として、スサノヲ神話では語られているのです。ところが、彼女がイザナキ・イザナミの子神であるなら、伊予之二名島の四面のうちの一面にすぎなくなります。どちらかというと国津神《くにつかみ》なのです。これは矛盾する話です。

ですが、こうした矛盾が存在する方が、神話としては原初的なイメージがあります。いくつかの神話が集大成されていても、それぞれのモチーフによって、話に不整合が生じてきているというかんじです。オホゲツヒメ神話については、後でまた述べたいと思います。

二神による国生みはまだまだ続きます。

次に、伊岐島《いきのしま》を生みき。亦の名は、天比登都柱《あまひとつはしら》と謂ふ。次に、津島《つしま》を生みき。亦の名は、天之狭手依比売《あめのさでよりひめ》と謂ふ。次に、佐度島《さどのしま》を生みき。次に、大倭豊秋津島《おほやまととよあきづしま》を生みき。亦の名は、天御虚空豊秋津根別《あめのみそらとよあきづねわけ》と謂ふ。故、此の八つの島を先づ生めるに因《よ》りて、大八島国《おほやしまくに》と謂ふ。

淡路洲と大日本豊秋津洲

伊岐島（壱岐）・津島（対馬）・佐度島（佐渡）と生んで、最後に本州にあたる大倭豊秋津島を生んでいます。

ここで面白いのは、本州が最後で、その周辺の島々から先に生みだされていることです。また、北海道も視野に入っていません。これも興味深いことです。『古事記』も『日本書紀』も大和朝廷を中心に組み立てられた神話を語っているはずですから、大和国がある本州を一番目に生みだした方が、なんとなく安定感があります。

『日本書紀』本文では、どのように描かれているでしょうか。

産《こう》む時に至るに及びて、先づ淡路洲《あはぢのしま》を以《も》て胞《え》とす。意《みこころ》に快《よろこ》びざる所なり。故《かれ》、名《なづ》けて淡路洲と曰《い》ふ。廼《すなは》ち大日本豊秋津洲《おほやまととよあきづしま》を生む。

となっています。一番は淡路島でしたが、二番目にはもう本州を生んでいます。そして、その後に、四国・九州・隠岐・佐渡と続きます。『古事記』よりは安定感があります。ここで淡路洲は本州を生むための「胞」と位置づけられています。胞については、岩波版『日本書紀』の補注に詳しい説明があります。

ここの胞とは、第一子の意であろう。南セレベスやバリ島やスマトラなどで、胞は兄または姉と信じられ、生児を守護すると思われている。当時の日本語ではア行のエeとヤ行のエyeとの区別が明確であったが、胞（エ）はヤ行のエyeの音であり、兄（エ）もヤ行のエyeの音で全く同音。よって胞（エ）と兄（エ）との起源は同一と見られる。つまり右のオセアニアの島島に行なわれるような観念が、古く日本にも存在したものと思われる。従ってここは「淡路洲を胞（エ）つまり兄（エ）即ち第一子として生んだ」の意。

このように考えるのです。こちらの方が、『古事記』よりも話として落ち着きがあります。それだけ整えられているといえましょうか。

岩波版の補注のような意味が潜んでいることは認められますが、物語として読んだ場合はどうでしょうか。「淡路洲を以て胞とす」の意味は、淡路島を胞にしたということです。兄として扱うというのでしたら、「淡路洲を胞とす」でよくて、「以て」ということばはい

図17　椅子に腰かけて坏をもつ巫女（文化庁所蔵）

りません。なんの胞にしたかというと、「大日本豊秋津洲を生む」ためでした。胞の国語学的な意味は、「胎児を包んでいる膜や胎盤などの総称」（『日本国語大辞典 第二版』）です。この言葉の意味通り考えますと、大日本豊秋津洲を生むためには、その前段階として淡路洲の誕生が必要であり、淡路洲を胞とすることで、初めて大日本豊秋津洲を生むことが可能となったということになります。

胞を第一子と考えることと、結果的には同じになりますが、胞には第一子が丈夫に育った兄ではなく、初産によって失敗した兄としてのイメージを負わせられていると見てもよいでしょう。古代社会で、若くして婚姻した場合、女性の身体の成長度が十分でなければ、初産でよくない結果もしばしば見られたのかもしれません。

『日本書紀』では、それを「胞」と表現して、『古事記』ではヒルコとともに淡路島も

「子」例に入れないという表現がなされたものと思われます。そう考えますと、『日本書紀』では、無事生まれた第一子は本州ということになります。まさに安定感のあるストーリー展開を設定しているのです。

しかし、それでは劇的ではありません。むしろ真打ちは一番あとから登場するのが物語ではいいのです。『古事記』では、最初の場面では前座的存在が現われるといった物語手法、演劇的手法がとられているといえます。それだけ『古事記』は文学性が高いというべきでしょうか。

北海道が登場しないのは、当時の政治情勢を表していると考えてよいのではないでしょうか。つまり『古事記』が成立した時代には、まだ北海道は政治的支配圏外にあったため、国生み神話に登場しないということです。壱岐・対馬・佐渡島などの小さな島も意識下にあるのに、北海道が入ってこない理由は、それ以外には考えられません。

北海道が大和朝廷の意識下に入ってくるのは、『日本書紀』によれば斉明《さいめい》朝です。斉明四年（六五八）四月に安陪臣が齶田《あぎた》（秋田県秋田市）・渟代《ぬしろ》（秋田県能代《のしろ》市）の蝦夷《えみし》を征服した記事があります。その時に、「遂《つひ》に有間浜《ありまのはま》に、渡嶋《わたりのしま》の蝦夷等《えみしども》を召し聚《つど》へて、大きに饗《あへ》たまひて帰《かへしつかは》す」という記事があります。この「渡嶋」を本州から渡らなければならない地域、つまり北海道南部地域と考える説があります。しかし、この時の安陪臣の蝦夷征討記事は、いろいろと問題を含んでいて、どこまで実態があったかは不明です。まだ、北海道の蝦夷と接触があった程度の段階だったのかもしれません。

東北の蝦夷の征討も、平安時代の坂上田村麻呂《さかのうえのたむらまろ》の遠征をまたねばなりませんから、『古事記』『日本書紀』が編纂された段階では、まだ北海道を飛鳥朝廷の支配領域として把握することはできなかったのだと考えてよいでしょう。

島々の誕生

さらに二神の国生みは続きます。

然《しか》くして後に、還《かへ》り坐《ま》しし時に、吉備児島《きびのこしま》を生みき。亦の名は、建日方別《たけひかたわけ》と謂ふ。次に、小豆島《あづきしま》を生みき。亦の名は、大野手比売《おほのてひめ》と謂ふ。次に、大島《おほしま》を生みき。亦の名は、大多麻流別《おほたまるわけ》と謂ふ。次に、女島《をみなしま》を生みき。亦の名は、天一根《あまひとつね》と謂ふ。次に、知訶島《ちかのしま》を生みき。亦の名は、天之忍男《あめのおしを》と謂ふ。次に、両児島《ふたごのしま》を生みき。亦の名は、天両屋《あめのふたや》と謂ふ〔吉備児島より天両屋島に至るまでは、幷《あは》せて六つの島ぞ〕。

吉備児島（岡山県児島半島）・小豆島（香川県小豆島）・大島（山口県屋代島）・女島（大分県国東《くにさき》半島沖の姫島）・知訶《ちか》島（長崎県五島列島）・両児島（男女群島の男島・女島）の六島の誕生です。より小さな島々の誕生といえます。

ここでは深入りするつもりはありませんが、島々に別名があるのはなぜでしょうか。しかも、『古事記』はそれらについて説明もしなければ、その後にも登場させない名前が多いのです。なんのために名前を、それぞれにつけているのでしょうか。不思議なことに、

女　島—天一根
知訶島—天之忍男
両児島—天両屋

というふうに、「天」を名前につけています。「天」の字がつくと、高天原系の天つ神ということになります。先に生まれた伊岐島（天比登都柱）・津島（天之狭手依比売）・大倭豊秋津島（天御虚空豊秋津根別）も別名に「天」の字がついていました。

これらの島々は、明らかに地上の島々です。つまり国つ神系の領土です。なぜ、国つ神の島々に「天」の字をもつ神の名をつけるのか、皆目わかりません。

もちろんイザナキ・イザナミは高天原の神々ですから、彼らの生んだ国土は高天原系の領土ですという説明もありうるかもしれません。ですが、それならば、逆にすべての島々に「天」の字をもつ神名をつけるべきだということになってしまいます。ここでも矛盾が

生じます。

あくまで一つの想像ですが、島々に別名があるのは、地主神の存在を認めた考え方ではないでしょうか。つまり、それぞれの島には、それぞれの島民が祭る神がいて、その神の存在を尊重しているということです。それゆえ、『古事記』の編纂者には神名の由来がわからないので、説明はしないけれど、神名だけは尊重する、という姿勢で書かれていると考えるわけです。そして、それらの島々のうち、早くに大和朝廷に従属した島々だけに、もとの神名の上に「天」を後から付すことを許可したと考えてはどうでしょうか。

これらの神名の多くが、注釈書に「名義不詳」とされているのは、その外の箇所に登場しない神々だからです。かの本居宣長《もとおりのりなが》ですら、『古事記伝　一』（大野晋編『本居宣長全集』第九巻、筑摩書房、一九六八年、以下、『古事記伝』は同書よりの引用）の中で、小豆島の別名の大野手比売については、「名ノ意味未ダ思ヒ得ず。若シくは鐸《ヌデ》か」（同書、一九九頁）と頭を捻っています。大島の別名大多麻流別についても同じく、「名ノ義未ダ思ヒ得ず」（同書、二〇〇頁）と簡潔に記すのみです。さらに見ていきますと、両児嶋に至っては、「兩兒《フタゴ》ノ嶋《シマ》は、此《コゝ》より外に古書には見えたることなし。在リ處も詳《サダカ》ならず」（同書、二〇一頁）と、島の存在すら否定的で、別名についても、「天兩屋《アメフタヤ》。天ノ字、上の一ツ柱一ツ根の例を以テ阿米《アメ》と訓ムべし。屋の義《コヽロ》いまだ思ひ得ず」とお手上げ状態です。

天両屋を一つのまとまった名前として理解しようとすると、意味がわからなくなります。天は地上界の上に存在するもので、その屋根となると、天の上に存在することになり、パラドックスに陥ってしまいます。ところが、「天」の字を後からつけたものとして、「両屋」だけで考えると、わかりやすくなります。両児島はおそらく二つの島が並んで存在していたのでしょう。それぞれに代表的な建物があり、それを両屋と表現したと考えればいいわけです。

それにしても、淡路島ですら「子」の例に入れてもらえないのに、このような名も知らぬ両児島が正式な島（子）として認識されているのは不思議です。

神生み物語

神々の誕生

さて、国生みが終わると、次は神々を生みます。

既《すで》に国を生み竟《をは》りて、更《さら》に神を生みき。故、生みし神の名は、大事忍男神《おほことおしをのかみ》。次に、石土毘古神《いはつちびこのかみ》を生みき。次に、石巣比売神《いはすひめのかみ》を生みき。次に、大戸日別神《おほとひわけのかみ》を生みき。次に、天之吹男神《あめのふきをのかみ》を生みき。次に、大屋毘古神《おほやびこのかみ》を生みき。次に、風木津別之忍男《かざもくつわけのおしをの》神《かみ》を生みき。次に、海の神、名は大綿津見神《おほわたつみのかみ》を生みき。次に、水戸《みなと》の神、名は速秋津《はやあきつ》日子神《ひこのかみ》を生みき。次に、妹速秋津日売神《いもはやあきつひめのかみ》〔大事忍男神より秋津日売神に至るまでは、并せて十《と》はしらの神ぞ〕。

ここは神々の名前が列記されているだけなので、整理するだけにしましょう。

① オホコトオシヲ神（大事忍男神）
② イハツチビコ神・イハスヒメ神（石土毘古神・石巣比売神）
③ オホトヒワケ神（大戸日別神）
④ アメノフキヲ神（天之吹男神）
⑤ オホヤビコ神（大屋毘古神）
⑥ カザモクツワケノオシヲ神（風木津別之忍男神）
⑦ オホワタツミ神（大綿津見神＝海の神）
⑧ ハヤアキツヒコ神・ハヤアキツヒメ神（速秋津日子神・速秋津日売神＝水戸の神）

これらの神については、西郷信綱氏は、たとえば大戸日別神をとりあげた箇所で、「このあたりの神名の出てきかたは、いささか不可解である。おそらく大した意味もないと見てよかろう」（『古事記注釈』第一巻、一三四頁、平凡社、一九七五年）と見ておられます。たしかに深い意味はないかもしれません。ですが、語り継がれ、読み継がれる文学作品ですから、なにかしらの意図があるのではないでしょうか。

どうやら国土の開発に関わる歌謡的な神名の並べ方と解釈できるような気がします。国生みが終わったのですから、次にはその国を開発しなければなりません。開発というより

図18　安田靫彦画「風神雷神」の風神の図
（遠山記念館所蔵）

は開墾でしょうか。まずは、国土開発という「大事」を始めるという宣言がなされます（大事忍男神）。そして、大地を開墾すると、石や土や砂が出てきます（石土毘古神・石巣比売神）。土地を開墾するには、多くの人手が必要です。その人たちが住む家が必要となります。そうして家造りが始まります。多くの人が住むことができる家には、大きな戸が必要です（大戸日別神）。そして、広い吹き抜けの土間も必要です（天之吹男神）。それは空に向かって吹きぬけているのでしょう。それを覆っているのが大きな屋根です（大屋毘古神）。集落の周りには、森や林があり、その木々の間を風が通り抜けていきます（風木津別之忍男神）。風は山から海に向かって吹いていきます（大綿津見神）。そして、国土を開発した人々は、海を渡って他の地域にも出かけてゆきます。そのため港も必要となります。広く開いた津（港）です

（速秋津日子神・速秋津日売神）。

とまあ、このようにストーリーを展開させることも可能です。

神話ですから、いくつかのパターンが別にあったかもしれません。

そして、語り手によって、もっともっと話に肉づけがされて、面白く語られたのかもしれません。神話を固定的に考えずに、歴史文芸であっても、すべてが頭から読まれるのではなく、それぞれの場面が個別に語られたと考えればよいのではないでしょうか。

そうした時、「次に……、次に……」という語り口調は、開発の様子を聞きながら、想像する人々に、発展のテンポのよさを感じさせる効果を生んだといえるでしょう。

大綿津見神と海

ここで注目すべきことは、大綿津見神《おおわたつみのかみ》（海の神）が生み出されていることです。イザナキ・イザナミがオノゴロ島に降り立つ前は、地表にはまだ海は存在していませんでした。オノゴロ島に降り立ったり、島々を生みだしたりしているので、まわりは海のような錯覚を起こしがちですが、『古事記』には「国稚《わか》く浮ける脂の如く」としか書かれていません。その状態は「くらげなすただよへる」状態でした。私たちにイメージできるのは、地表がまだ固まっておらず、どろどろした状態だという程度です。

そのドロドロに天の沼矛を指し降ろし、引き上げると、その先端から塩が滴り落ちてオノゴロ島ができあがったわけです。この物語の流れには、オノゴロ島が海に浮かんでいるとは書かれていません。あくまで文章通りに解釈して行きますと、オノゴロ島の周りは、まだどろどろした状態のままです。そして国（島）生みが行われます。生みだされた島々も、やはりどろどろの中にできあがったことになります。

としますと、海は大綿津見神の誕生で初めて出現したことになります。大綿津見神は、海が存在して、そこを支配するために生みだされたのではなく、大綿津見神そのものが海であると考えなければなりません。ギリシア神話でいうところのポセイドンとは異なるのです。ポセイドンはゼウスの兄弟で、海とあらゆる水域を支配する神です。海そのものではないのです。

むしろ、ギリシア神話で考えますと、大綿津見神は、大地ガイアによって生みだされたポントスに当るでしょう。大地創世神話は、ギリシアの場合も日本神話とともよく似ています。ギリシア神話の場合、まず初めにカオス（渾沌）が生まれ、次にガイア（大地）が生まれます。まさに惑星の誕生と同じ順番です。ガスが集まり、重力によって固まり、惑星が成立するという。そして、ガイアはウラノス（天空）を生み、彼を不死の神々の御座として自分の身を覆わせたとされています。その後に山々や海原を生みだすのです。
つまり、ギリシア神話では、
渾沌↓大地↓天空↓山々・海
という順番で世界が成立しているのです。
一方、日本神話では、
天地の分離↓基点（オノゴロ島）↓島々↓海
という順番です。多少の違いはありますが、とても似ているといえるでしょう。この類似性は、両方ともが、よく考えられた神話であるということです。つまり、純粋に語り始められた神話ではなく、ある時点でさまざまな神話が整理され、宇宙の根源からきちんと語り始めようと考えた時、このような順番が共通してしまうということなのかもしれません。

速秋津日子神・速秋津日売神の神生み

次の展開は、イザナキ・イザナミから一時的に離れます。彼らの子である速秋津日子神・速秋津日売神による神生み神話となっています。

此の速秋津日子・速秋津日売の二はしらの神の、河・海に因《よ》りて持ち別けて、生みし神の名は、沫那芸神《あわなぎのかみ》。次に、沫那美神《あわなみのかみ》。次に、頬那芸神《つらなぎのかみ》。

次に、頬那美神《つらなみのかみ》。次に、天之水分神《あめのみくまりのかみ》。次に、国之水分神《くにのみくまりのかみ》。次に、天之久比奢母智神《あめのくひざもちのかみ》。

次に国之久比奢母智神《くにのくひざもちのかみ》〔沫那芸神より国之久比奢母智神に至るまでは、幷せて八はしらの神ぞ〕。

彼らが生んだ神々を整理すると、次の通りです。

① アワナギ神・アワナミ神（沫那芸神・沫那美神）
② ツラナギ神・ツラナミ神（頰那芸神・頰那美神）
③ アメノミクマリ神・クニノミクマリ神（天之水分神・国之水分神）
④ アメノクヒザモチ神・クニノクヒザモチ神（天之久比奢母智神・国之久比奢母智神）

速秋津日子神の秋が「開《あ》き」、津が「港」を意味していますが、これは自然地形を表現したものと考えられます。川が海に流れ込んだ港では、河口を境に海と川の部分に分かれます。この港は、海から船で、さらに川をさかのぼるような地域をイメージさせます。古代の初期の船は、それほどの大型船ではなかったでしょうから、ある程度は海用の船でそのまま川もさかのぼれたのでしょう。

沫那芸神・沫那美神は、沫（アワ）＋ナ（の）＋キ・ミ（男・女）のことで、ナキ・ナミはイザナキ・イザナミのナキ・ナミと同じです。つまり、泡に関する男女の神を意味しています。港や海岸には波が打ち寄せ、波が泡だっています。その情景を表現した神様の名

図19　川の神を祭祀する古座河内祭（(社)和歌山県観光連盟提供）

前です。

頬那芸神・頬那美神も同じように考えますと、頬（ツラ＝水面）＋ナ（の）＋キ・ミ（男・女）ですから、波立った水面が、静まった様子を表現しているのでしょう。それは海からの距離が遠くなり、逆に川の上流から流れてくる水流とぶつかることで、海からの波の勢いが消された様子を意味していると考えられます。

そして、天之水分神・国之水分神は、水分《みくまり》ですからまさに川の水と海の水が分かれるべき場所の水を司る神の名と考えられます。天と国の字がついているのは、本来、海と川の別であったのが、天地の区別にスライドされたものと考えられます。

そして最後の天之久比奢母智神・国之久比奢母智神は、クヒザ（汲み＋瓢《ひさご》）＋モチ（持つ）＋神、で水を汲む瓢の神様という意味になります。川の上流では、水は船を浮かべるためのものではなく、むしろ生活用水としての意味合いが強くなるのでしょう。ヒサゴ（瓢）で汲みあげて利用することを司る神が登場しています。

このように見てきますと、速秋津日子神・速秋津日売神が生みだした神々は、港から河口、河口から川の上流へと川をさかのぼって行くと見られる川の民の生活様式と関係する神々であることがわかります。

さて、ここからは、再びイザナキ・イザナミの神生み神話に戻ります。

風・木・山・野の神

次に、風の神、名は志那都比古神《しなつひこのかみ》を生みき。次に、木の神、名は久々能智神《くくのちのかみ》を生みき。次に、山の神、名は大山津見神《おほやまつみのかみ》を生みき。次に、野の神、名は鹿屋野比売神《かやのひめのかみ》を生みき。亦の名は、野椎神《のづちのかみ》と謂ふ〔志那都比古神より野椎に至るまでは、并《あは》せて四はしらの神ぞ〕。

港口の神は、上流に向かうにつれて、自然地形を生みだしています。

① 風の神（シナツヒコ神＝志那都比古神）

② 木の神（ククノチ神＝久々能智神）

③　山の神（オホヤマツミ神＝大山津見神）
④　野の神（カヤノヒメ神＝鹿屋野比売神）

志那都比古神の「志（シ）」は風の古語です。荒れた風をアラシ（嵐）、旋毛のようにくるくる舞う風をツムジ（旋風）と表現するのは、そのバリエーションです。ですから、シ（風）＋ナ（の）＋ツ（所）＋ヒコ（男）＋神と考えますと、志那都比古神は風の神そのものを言い表している名前ということになります。

次の久々能智神も、クク（木）＋ノ（の）＋チ（精霊）＋神となり、木の神そのものです。以下の大山津見神・鹿屋野比売神も同様に考えることができます。彼ら四神は、風・木・山・野を支配する神ではなく、風・木・山・野そのものと考えた方がいいでしょう。風が生まれたことで、やはりここで初めて空気の存在が確認できます。木の存在によって樹木系の植物が、野の存在によって草花系の植物が確認できます。そして山と野の両方の存在によって、循環する自然地形の存在が確立します。

つまり、イザナキ・イザナミは、この段階で、これらの自然を生みだしたということです。その意味では、イザナキ・イザナミこそが世界の創造神というべき存在ということになります。よく見ると、これらの神々の生まれる順番も理にかなっています。

空気（風）がないと木は育ちません。そして木が茂ってこそ山が山らしくなります。そして木が育って下草が生えることで野ができますし、山からの水で草原が成り立ちます。ほんとうに行きとどいた神話です。

山と野の神

さて、またもや神生みがイザナキ・イザナミ二神から離れます。

此の大山津見神・野椎神の二はしらの神の、山・野に因《よ》りて持ち別けて、生みし神の名は、天之狭土神《あめのさづちのかみ》。次に、国之狭土神《くにのさづちのかみ》。次に、天之狭霧神《あめのさぎりのかみ》。次に、国之狭《くにのさ》霧神《ぎりのかみ》。次に、天之闇戸神《あめのくらとのかみ》。次に、国之闇戸神《くにのくらとのかみ》。次に、大戸或子神《おほとまとひこのかみ》。次に、大戸或女《おほとまとひめの》神《かみ》〔天之狭土神より大戸或女神に至るまでは、并せて八はしらの神ぞ〕。

オホヤマツミ神（大山津見神）とノヅチ神（野椎神）がそれぞれ、山と野を分担して生みだした神が、列記されます。

① アメノサヅチ神・クニノサヅチ神（天之狭土神・国之狭土神）
② アメノサギリ神・クニノサギリ神（天之狭霧神・国之狭霧神）
③ アメノクラト神・クニノクラト神（天之闇戸神・国之闇戸神）
④ オホトマトヒコ神・オホトマトヒメ神（大戸或子神・大戸或女神）

以上、四組八柱の神が生みだされたわけです。野椎神は、前の所で鹿屋野比売神（萱の姫神）と称されていますから、女神と意識されていたことがわかります。となりますと大山津見神は男神ということになります。

ところが、これについて西郷信綱氏は興味深い見解を示しています（『古事記注釈』第一巻、一四二頁）。

さてここで注目されるのは、記紀ともに野の神を女神としている点だが、山の神も海の神も本来は女神であったであろうと私は考える。山の神や海の神が男神としてあらわれるようになったのは、説話的系譜化において女神に父なるものが加上され、その父が本尊となり女神はその娘とされるに至ったためである。（中略）オホワタツミ、オホヤマツミの「大」という語に、女から男への、母から父へのこうした転化の過程が封じ込められているともいえる。

これは大綿津見神・大山津見神という二神の「大」＋綿・山＋「津見神」という神名の共通性と、海・山両方ともに多くの生命を生みだす存在からの発想と推測されます。本来は女神であったけれど、娘たる女神が登場しなければならない状況で、女神（母）が男神（父）へと変化して、娘の後見人的役割を果たしやすくしているという理解かと思います。

しかし別の考え方もできます。多くの注釈書は、大綿津見神・大山津見神について、オホ（大）は美称、ツ（津）は所、ミ（見）は神霊と解釈しています。ですが、「ミ」については、イザナキ・イザナミの「キ」「ミ」の「ミ」と同じと考えると、「ミ」は女性を意味する言葉となります。そうしますと、西郷氏とは考え方は異なりますが、結果は同じく、大綿津見神・大山津見神の二神は本来女神であったということになります。

ですが、これはあくまで大綿津見神・大山津見神という神名にこだわればという前提があってのことです。大綿津見神・大山津見神が本来は女神を意味する名前であることと、海の神や山の神が本来、女神か男神かの問題とはストレートには結びつきません。もっと本質的なことを言えば、神は単体でいろいろな物を生みだせますから、性別を考えることすらナンセンスともいえるのです。男神・女神というのは、後の人間に近づけたイメージの問題とも言えます。

そして、海の神については、大林太良氏の『海の神話』（講談社学術文庫、一三頁、一九九三年）の中で、内陸の農耕民であるシュメール人の神話をとりあげて、

> 何かほかのものがすでに存在していて、それから海が起源するというのではなくて、海こそは絶対的な始原をあらわし、そこから他のすべてのものが生まれてくる偉大な母なのである。このような原初的海洋のイメージは、世界のほかの地域にも、しばし

ば現われるものであって、人類にとって基本的な神話的イメージの一つであると言ってよい。

と述べています。いかに神が性を超越した存在としても、お話としての神話の中では、どうしても人間的な性別を付与されがちです。その際、他のすべてを生みだすというイメージでは、大地にしても海にしても、母なるイメージから女性像に描かれてしまうのでしょう。そうした意味でも、大綿津見神は女神となります。

そして大綿津見神が女神ならば、ほとんど同じ構成の名前をもつ大山津見神も女神であった可能性が高いといえましょう。ところが、野原のやさしさに対比すると山は男性的なイメージを抱かせます。そこで、ここでは大山津見神は男神とされているのかもしれません。

しかし、山の神が女性であるというのは山の民の間では常識的な観念です。猟師が腰にオコゼの乾燥した物をぶら下げるのは、みにくい顔のオコゼを見て、女性である山の神が自分の容貌と比べて喜ぶからであると言われています（千葉徳爾『ものと人間の文化史14 狩猟伝承』法政大学出版局、一九七五年）。山の神はやはり女性と信じられてきたことになります。としますと、山の神に男性の役割を割り振ったこの神話は、山の民の知識をもたない知識人であった可能性も出てきます。

さて、大山津見神と野椎神が生みだした神々は、「天・国」の美称を省きますと、狭土神・狭霧神・闇戸神と大戸或の神ということになります。山と野が接近した地域は集落を形成しやすいところです。山から流れてきた川の水が野をうるおし、田畑を耕すのに最適です。集落を作るには、住居が必要です。住居の材料となる木材も山から調達できます。また生活に必要な火を得るための枯れ木なども山から拾ってくることができます。もちろん山の幸も重要です。栗や柿などの木の実、鳥や鹿や猪などの動物の肉も重要なタンパク源です。

そして、後背地に山があることは、外敵の侵入を防ぐのにも便利です。後ろの山からの攻撃がなければ、前面の野原だけを監視していれば済みます。そして野原は隠れるところが少ないので、敵の侵入を察知することがたやすくできます。また、外敵が強力な場合には、後ろの山に逃げ込むこともできます。

開発の神

このように山を背にした平野は、古代の人々にとって住みやすい土地だったといえましょう。ただ問題は、そうした土地はそれほど広くないということです。それゆえ「狭土」だったのでしょう。そして、山を背にして川の水が豊富な所は霧が発生しやすかったはずです。それゆえの「狭霧」なのでしょう。

霧が発生すると、ひどい時には、周囲が真っ白になり、なにも見えなくなります。暗闇と同じ状況です。それが「闇戸」という状態だったのです。真っ白でなにも見えない状態で行動しようとすると、戸惑います。それが「大戸或」ということなのだと思います。

つまり、ここに誕生した神々は、ある意味、実際に意識されていた神というよりは、地域開発のストーリーを、神々の名前によって語っている歌謡と同じようなものではないでしょうか。これについては、本居宣長が、『古事記伝』（同書、二一四頁）で次のように語っています。

図20　臼をつく人物　銅鐸
（神戸市立博物館所蔵）

又思ふに、狭土狭霧の狭は、多く詞ノ上に加フる辞、土《ツチ》も霧《キリ》も闇《クラ》も惑《マドヒ》も、皆字の意にて、土より霧の發《タチ》、その霧によりて闇《クラ》く、闇きによりて惑《マド》ふと云意に名づけしか、

宣長も、ここの神名については自然現象を表象したものと考える方がよいという立場の

ようです。私も同感です。

さて、これらの神々に「天」「国」の字を冠しているのは、形式的な処理がなされているためでしょう。発想は、地上のできごとをもとにしています。霧の発生など、まさに地上だから起こることです。しかし、神話創作者は、地上で起こっていることは天上界でも起こっているはずだと考えたのでしょう。そこで、地上での現象を表す神には「国」の字を付け、天上界の神には「天」の字をつけて、二神一組に揃えたということだと考えます。

それにしても、国生み神話などを考えれば、天上界に「狭土」を想定したり、「狭霧」「闇戸」が存在するのがいかにナンセンスか、少し考えればわかりそうな気もしますが、そうした合理的ではないところが、逆に神話らしいといえばいえます。

『古事記』の編集

さて、まだまだイザナキ・イザナミの神生みは続きます。

次に、生みし神の名は、鳥之石楠船神《とりのいはくすふねのかみ》。亦の名は、天鳥船《あめのとりふね》と謂ふ。次に、大宜都比売神《おほげつひめのかみ》を生みき。次に、火之夜芸速男神《ひのやぎはやをのかみ》を生みき。亦の名は、火之炫毘《ひのかかび》古神《このかみ》と謂ひ、亦の名は、火之迦具土神《ひのかぐつちのかみ》と謂ふ。此の子を生みしに因りて、みほとを炙《や》かえて病み臥《ふ》して在《あ》り。たぐりに成りし神の名は、金山毘古神《かなやまびこのかみ》。次に、金山毘売神《かなやまびめのかみ》。次に、屎《くそ》に成りし神の名は、波邇夜須毘古神《はにやすびこのかみ》。次に、波邇夜須毘売神《はにやすびめのかみ》。次に、尿《ゆまり》に成りし神の名は、弥都波能売神《みつはのめのかみ》。次に、和久産巣日神《わくむすひのかみ》。此の神の子は、豊宇気毘売神《とようけびめのかみ》と謂ふ。故、伊耶那美神は、火の神を生みしに因りて、遂《つひ》に神避《かむさ》り坐《ま》しき〔天鳥船より豊宇気毘売神に至るまでは、幷せて八はしらの神ぞ〕。

これまでと同じように、イザナキとイザナミが生んだ神を列記しましょう。

①　トリノイハクスフネ神（鳥之石楠船神＝天鳥船）
②　オホゲツヒメ神（大宜都比売神）
③　ヒノヤギハヤヲ神（火之夜芸速男神＝火之炫毘古神・火之迦具土神）
④　カナヤマビコ神・カナヤマビメ神（金山毘古神・金山毘売神）
⑤　ハニヤスビコ神・ハニヤスビメ神（波邇夜須毘古神・波邇夜須毘売神）
⑥　ミツハノメ神（弥都波能売神）
⑦　ワクムスヒ神（和久産巣日神）―トヨウケビメ神（豊宇気毘売神）

鳥之石楠船神と大宜都比売神は後から考えることにしまして、火之夜芸速男神は「火」の神様。金山毘古神・金山毘売神は金山・鉱山の神様。波邇夜須毘古神は、粘土の神様。弥都波能売神は水の神様、ということが推測できます。和久産巣日神は、小学館版の頭注によりますと、ワク（若）＋ムス（生成）＋ヒ（霊）ということです。

また、先にこの箇所の矛盾をあげておきます。本文には、天鳥船より豊宇気毘売神までで「八はしらの神ぞ」と書かれていますが、神の数を数えますと、十神いることに気づきます。宣長も「此數合《アハ》はざるに似たり」と指摘しています。この問題について宣長は次のように考えています（『全集』第九巻、二二二頁）。

如此《カク》比古比賣と並ビ坐スをば、一柱として數ふること、故あるべし、【此ノ比古比賣と並ビ坐ス神たち、書紀にはみな一柱づゝのみなるも、此《ココ》に由あり】然《シカ》數《カゾフ》るときは、上に、自二天ノ鳥船一至二豊宇氣毘賣神一幷テ八柱、とあるも合《アヘ》り、

つまり、男女神を二柱と数える時もあれば、男女一組で一柱と数える時もあるということです。そして、ここでは金山毘古神・金山毘売神と波邇夜須毘古神・波邇夜須毘売神をそれぞれ、セットで数えれば、ちょうど八柱になるというのです。

たいへん合理的なようでいて、御都合主義的な数え方と言わざるをえません。後から、『古事記』などの神話を、いかに合理的に読めば辻褄《つじつま》が合うか努力した読み方と言えましょう。それはそれで結構ですが、同時代的にはどうであったかを考える必要もあります。

『古事記』は『日本書紀』と違って、「一書」を取り上げないで、一貫した編集方針で、本文のみで語らせています。一般的なイメージとしては、「稗田阿礼《ひえだのあれ》が誦《よ》める勅語《みことのり》の旧《ふる》

辞《こと》」を太安麻呂《おおのやすまろ》が一人で撰録したというふうに思われています。もちろん完成度は高いのですが、こうした矛盾や統一性の乱れをみますと、一人の人物が「誦める」ものを、一人の人物が「撰録した」とは考えにくくなります。本文の内容とは関係ありませんが、『古事記』の編集には、このような点もあることを覚えておいてほしいと思います。

私たちは、『古事記』の神話を冷静に読み解くと同時に、同時代的に神話を聞いて楽しむ古代人の気持ちにもならなければなりません。これが難しいのですが、あまり解釈ばかりに気をとられてしまうと、神話を純粋に楽しむことができなくなります。それでは、解釈も現代的になりすぎて、誤ってしまう可能性がでてきます。

単純に考えますと、最初、八神として伝承され、そのように『古事記』にも記述されたのではないでしょうか。ところが別の伝承には、金山毘古神には金山毘売神という女神が対で登場し、波邇夜須毘古神にも波邇夜須毘売神がセットで登場する神話が存在したため、二女神を追加してしまった、という可能性を想定することができます。いってみれば、編集上のミスで八神が十神になってしまったということです。もちろん推測にすぎませんが、宣長のように原則を作りあげるよりは穏当ではないでしょうか。

スサノヲとオホゲツヒメ

スサノヲの追放

オホゲツヒメ

さて、次に本文上の矛盾ですが、まず目につくのは大宜都比売神《おほげつひめのかみ》です。大宜都比売神はすでに登場しています。

イザナキ・イザナミが国生みを始めた際に、淡路島《あわじ》の次に伊予之二名島《いよのふたな》を生みます。この伊予之二名島は四面あり、その四面の内の一つが粟国《あわ》でした。その粟国の神名が大宜都比売だったはずです。小学館版の頭注は、「粟国の又の名もオホゲツヒメだが、それとは別神」と処理しています。かの本居宣長《もとおりのりなが》も、「さて上に粟ノ國《アハ》の亦ノ名も、此《ココ》と同ジ意以テ称《タタヘ》しなり。一ツ神には非《あら》ず」（『本居宣長全集』第九巻、二一七頁）とだけ記し、ともに、どうして粟国のオホゲツヒメとここに生まれたオホゲツヒメが別の神と言えるのかを説明してくれていません。

論理的に考えると、それぞれを別々の存在と考えるのは当然ですが、ではなぜ、同じ神名になっているのかは説明されなければなりません。仮に、これまでの二話を、

A　国生みにおける伊予之二名島のオホゲツヒメ

B　神生みにおけるオホゲツヒメ

としますと、実は、オホゲツヒメの神話は、この二ヵ所以外にも、もう二ヵ所に登場します。それは次の二ヵ所です。

C　スサノヲ神話におけるオホゲツヒメで死体から穀物等が発生。

D　出雲神話の大年神《おほとしのかみ》の子孫系譜で羽山戸神《はやまとのかみ》がオホゲツヒメを娶《めと》って若山咋神《わかやまくひのかみ》を生む場面。

このうち、もっとも食物神としての性格づけがきちんとなされているのは、Cのスサノヲとともに登場するオホゲツヒメです。

他のオホゲツヒメ神話は、ただ名前が登場するだけで、彼女がなにかするわけではありません。Aのオホゲツヒメは粟国という穀物からの関連性、Bのオホゲツヒメは農耕の一連の流れの中での関連性、Dの場合は、いくつかの植物の生育に関する神々の母神として

名前のみの登場を果たしています。

このように、それぞれの箇所で暗示的・説明的に使われているだけです。これは、後になって、オホゲツヒメのキャラクターが確立して後に、そのキャラクターを利用しての登場のさせ方です。つまり後天的な存在です。さらに言うと、神話を体系化させる上で便利に利用されているだけということです。

スサノヲの神話

ここで、もっともオホゲツヒメのキャラクターを明確に描いているスサノヲ神話における記事を詳しく見ることにしましょう。

是《ここ》に、八百万《やほよろづ》の神、共に議《はか》りて、速須佐之男命《はやすさのをのみこと》に千位《ちくら》の置戸《おきと》を負《お》ほせ、亦、鬚《ひげ》と手足の爪《つめ》とを切り、祓《はら》へしめて、神《かむ》やらひやらひき。

又、食物《くらひもの》を大気都比売神《おほげつひめのかみ》に乞《こ》ひき。爾《しか》くして、大気都比売、鼻・口と尻《しり》とより種々《くさぐさ》の味物《うましもの》を取り出《い》だして、種々に作り具《そな》へて進《たてまつ》る時に、速須佐之男命、其《そ》の態《わざ》を立ち伺《うかが》ひ、穢汚《けが》して奉進《たてまつ》ると為《おも》ひて、乃《すなは》ち其の大宜都比売神を殺《ころ》しき。故《かれ》、殺さえし神の身に生《な》りし物は、頭《かしら》に蚕《こな》生り、二つの目に稲種《いなだね》生り、二つの耳に粟《あは》生り、鼻に小豆《あづき》生り、陰《ほと》に麦《むぎ》生り、尻に大豆《まめ》生りき。故是《かれここ》に、神産巣日御祖命《かむむすひのみおやのみこと》、茲《こ》の成れる種を取らしめき。

これは、もう少し先の話になりますが、スサノヲがアマテラスとの誓約に勝利して、いい気になりすぎ、大失態を起こしてしまいます。その結果、スサノヲは高天原の神々の審判によって、重い刑罰を受けることになるのです。それが「千位《ちくら》の置戸《おきと》を負ほせ」ることであり、鬚を切り、手足の爪を切って祓うことでした。スサノヲが負わせられた置戸とは何か、あまりよくわかっていません。小学館版の頭注には「『置戸』は然るべき場所に置かれた物を指すととるのが妥当か。たくさんの祓えの物を課されたということ」と理解しています。西郷氏は、「少くともチクラオキトが、おびただしい量の祓具《ハラヘツモノ》という意である」ことだけは、ほぼ動かない」（『古事記注釈』第一巻、三四九頁）とされています。西郷氏のいう祓具とは、平安時代に編集された法令集である『延喜式《えんぎしき》』に規定された祓えの際に使用される物品のことです。

しかし、いかに大量であろうとも、アマテラスに天《あま》の岩屋戸《いわやと》籠《ごも》りをさせ、高天原《たかまがはら》を混乱に陥らせた罰としては、弁済法で済ませるのは、あまりに罰が軽すぎるように思えます。それに、スサノヲによる、それらの物品納入の具体的な記事がありません。もし置戸が祓具といった物品ならば、『延喜式』の規定通りではなくとも、なんらかの具体的な物品が納められた記事がなければなりません。いかに神話といえども、そうした整合性は重要で

図21　神が籠る場所としてイメージされた山岳地の窟
（熊野市花の窟の祭礼，熊野市観光スポーツ交流課提供）

す。しかもこれは天つ罪ですから、神話の聞き手たちは、置戸が物品ならば、いったいなにを支払ったのか、きっと興味をもったはずです。

そして置戸が祓具となる物品ならば、「負」わせるよりも「課」すべきではないでしょうか。置戸（オキト）は物品を置く台や棚、または場所を表しますから、そこからの連想として、置戸の上に置いた物品と考えるのは自然です。問題は、その物品が具体的に記述されていないことにあります。

スサノヲは鬚や手足の爪を切り取られて追放されるわけですから、肉体的な処罰を受けているイメージがあります。とすると、この「負ほせ」も、何か重い物を背負わされたイメージです。重い物を背負っているのに、手足の爪がないため、踏ん張ろうとしても足に力が入らず、荷物をもちなおそうとしても、手に力が入らないという状態にさせられているのです。

鬚を切るのも、女性の髪の毛を切るのと同じように、なんらかの霊力を消失させる方法なのでしょう。原始社会においては、金属製の刃物はなかったでしょうから、鬚を剃る（切る）風習はなく、鬚はある意味、年長者の象徴であったはずです。つまり、集落の年長者は皆、鬚を伸ばしている状態だったはずです。逆に考えますと、鬚がない人間は、まだ若い、未熟な存在ということになります。つまり、スサノヲをまだ霊力の低い、未熟な神にして、負わせたものをより重く感じさせるという手段をとっているのでしょう。

では、スサノヲが負わされたものとはなんでしょうか。

スサノヲに負わされたもの

高天原の神々にとって、もっとも許しがたかったことを考えるとなにかヒントが見えてくるのではないでしょうか。アマテラスが天の岩屋戸に籠ることで、「高天原皆暗《みなくら》く」なり、「万《よろづ》の妖《わざわい》は、悉《ことごと》く発《おこ》りき」という状態となりました。「万の妖」がすべて発生したために高天原は穢《けが》れを受けたはずです。

アマテラスが岩屋戸から出てきてくれたおかげで、高天原は再び明るくなります。明るくなれば、「万の妖」も隠れざるをえないのでしょう。ですが、いったん出現した「万の妖」によって汚された高天原の穢れをなんとかしなければなりません。それが、スサノヲに対する「千位の置戸を負ほせ」という罰ではないでしょうか。高天原の穢れをスサノヲ一人に負わせることで、高天原が清められ、それゆえ、穢れをもったスサノヲは「神やらひやらひき」というように追い出されなければならなかった、とは考えられないでしょうか。

しかし、高天原のすべての穢れを一身に受けたスサノヲをそのまま追放しては、また高天原に戻ってくるかもしれません。そのために、二度と戻ることができないように、「祓へしめ」るという処理もしておかなければならなかったのでしょう。

西郷信綱氏は本居宣長の説を受けて、スサノヲが追放される前の「祓へ」は「抜」という字と誤読されてきたが、あくまで祓であるから、スサノヲは罰せられたのではない、という考えです（『古事記注釈』第一巻、三五三〜四頁）。

スサノヲがここで髪（またはヒゲ）と爪を指し出したのは、それによって身を浄めようとするのであって刑罰ではない。それはおそらく、髪やヒゲや爪が身体の不浄部分とされていたことに関連する。（中略）問題は古事記のこの段でスサノヲのヒゲと爪を切った意味いかんであるが、以上のべたようなわけでそれらは祓具として棄てられるべきものであったと私は解する。

という意見です。かなり論理が錯綜していて、どのようにこの文章を解釈するのがよいのか難しいのですが、『古事記』の本文だけを純粋に読みますと、八百万の神々が協議した結果は、

① スサノヲは「千位の置戸」を負わせられた。
② スサノヲは鬚と手足の爪とを切られた。

③　スサノヲは祓えをされたうえで追放された。

という三つの処分です。最後の追放ということから、スサノヲが罰せられたことはまちがいありません。とするとヒゲを切られ、手足の爪を切られた行為も、処罰の一環として読むのが素直です。さらに「千位の置戸」を科料と罰金のように読み解くのも現実的すぎて、神々の物語としては、いささか似つかわしくないように感じられます。

これまで、「祓へ」の対象を「穢れ」という漠然としたものと考えてきていますが、すくなくとも、ここでの「祓へ」の対象はスサノヲそのものでなければ、物語は進行しません。スサノヲがしでかした憎むべき行為によって、太陽たるアマテラスが姿を隠し、高天原が暗黒に覆われ、多くの穢れを受けました。その穢れを罪人たるスサノヲに一身に引き受けさせ、それを祓う霊力の源であるヒゲや爪をなくさせ、そのうえで高天原に戻ってこれないように祓いをかけて追放した、と考えるのが、もっとも物語上はわかりやすい展開ではないでしょうか。

さてここで、さらに少し大胆な発想をしてみましょう。

置戸の訓は「オキト」なのでしょうが、そのまま読めば、「オクト」とも読めます。オクトはオクドであり、クドのことです。つまり竈《かまど》です。ようするに火で食べ物を調理する台所用具です。これは、これから登場する食物の神・オホゲツヒメとの関連を暗示させます。

このスサノヲの追放神話を聞かされた人々は、スサノヲが罰として重い穢れを負わされたことと、次に登場する食物の神であるオホゲツヒメとの関連を感じ取って、物語の展開を楽しんだのではないでしょうか。

オホゲツヒメ神話

オホゲツヒメとスサノヲ

さて、ずいぶんと横道にそれてしまいましたが、ここからがオホゲツヒメの神話です。高天原を追放されたスサノヲは、なぜかオホゲツヒメのもとを訪問します。その理由は、食べ物をもらうためでした。そして、なぜかオホゲツヒメも、追放された罪人であるスサノヲを拒否せず、迎え入れて料理を供しています。

これと同じ話が、『日本書紀』神代上・第五段一書第十一ではツクヨミとウケモチ神の話として登場しています。

月夜見尊《つくよみのみこと》、勅《みことのり》を受けて降《くだ》ります。已《すで》に保食神《うけもちのかみ》の許《もと》に到《いた》りたまふ。保食神、乃《すなは》ち首《かうべ》を廻《めぐら》して国に嚮《むか》ひしかば、口より飯《いひ》出づ。又海に嚮ひしかば、鰭《はた》の広《ひろもの》・鰭の狭《さもの》、亦口より出づ。又山に嚮ひしかば、毛の麁《あらもの》・毛の柔《にこもの》、亦口より出づ。夫《そ》の品《くさぐさ》の物悉《ものふつく》に備へて、百机《ももとりのつくゑ》に貯《あさ》へて饗《みあへ》たてまつる。是《こ》の時に、月夜見尊、忿然《いか》り作色《おもほてり》して曰《のたま》はく、「穢《けがらは》しきかな、鄙《いや》しきかな、寧《いづくに》ぞ口より吐《たぐ》れる物を以《も》て、敢《あ》へて我に養《あ》ふべけむ」とのたまひて、廼《すなは》ち劔《つるぎ》を抜きて撃ち殺しつ。然《しかう》して後に、復命《かへりことまう》して、具《つぶさ》に其の事を言《まう》したまふ。時に天照大神《あまてらすおほみかみ》、怒《いか》りますこと甚しくして曰《のたま》はく、「汝《いまし》は是《これ》悪《あ》しき神なり。相《あい》見《み》じ」とのたまひて、乃《すなは》ち月夜見尊と、一日一夜《ひとひひとよ》、隔《へだ》て離れて住みたまふ。是の後に、天照大神、復天熊人《またあまのくまひと》を遣して往《ゆ》きて看《み》しめたまふ。是の時に、保食神《うけもちのかみ》、実《まこと》に已《すで》に死《まか》れり。唯《ただ》し其の神の頂《いただき》に、牛馬化為《な》る有り。顱《ひたひ》の上に粟《あは》生れり。眉《まゆ》の上に蠒《かひこ》生れり。眼《め》の中に稗《ひえ》生れり。腹《はら》の中に稲生れり。陰《ほと》に麦及び大小豆《まめあづき》生れり。天熊人、悉《ふつく》に取り持ち去《ゆ》きて奉進《たてまつ》る。

引用が長くなりましたが、

①ツクヨミがウケモチに食べ物を要求→②ウケモチは口から料理を出す→③ツクヨミがウケモチを殺害→④ウケモチの死体から穀物が発生

という物語の流れです。これを『古事記』のスサノヲとオホゲツヒメの流れと比較してみ

ましょう。『古事記』では、

①スサノヲがオホゲツヒメに食べ物を要求→②オホゲツヒメは鼻・口・尻から料理を出す→③スサノヲがオホゲツヒメを殺害→④オホゲツヒメの死体から穀物が発生

となっており、多少のディテールは異なっても、大筋では同じ流れです。役どころとしては、

スサノヲ（古事記）＝ツクヨミ（日本書紀）
オホゲツヒメ（古事記）＝ウケモチ（日本書紀）

というダブルキャストなわけです。ここで面白いのは、スサノヲとツクヨミはともにイザナキの禊《みそぎ》の際に生まれた三兄弟のうちの二人だということです。

話が先行しますが、このあと、イザナミはカグツチを生んで死亡します。そしてイザナミを黄泉《よみ》の国《くに》に訪問したイザナキは、黄泉の国から逃げ帰り、禊をします。その際に、左目からはアマテラス、右目からはツクヨミ、鼻からはスサノヲが生まれ出るのです。この三神を一般に三貴子《きし》と呼んでいます。この三貴子は、『日本書紀』との関連から、アマテラス＝太陽、ツクヨミ＝月、スサノヲ＝暴風、というイメージが付与されています。

図22　狩人を守護するかのように大きく太陽が描かれた壁画
（福島県清戸迫横穴壁画）

農耕起源神話

ここで、少し頭を切り替えますと、穀物の生育には太陽と水が必要です。水はさておき、太陽はアマテラスです。だからアマテラスはオホゲツヒメもウケモチも殺害しないのです。

逆に、月（夜）や暴風は植物の生育にはマイナスです。もちろん植物学的に考えると、いちがいにはそうとはいえないのですが、ここでは神話でのことですので、厳密な意味ではありません。

古代の単純な考え方で植物の生育を見ますと、夜が続いたり、暴風が続くと、植物は枯れてしまいます。つまり「死」です。そうしたイメージから、食物神を殺害する役割をツクヨミとスサノヲは背負わされたのかもしれません。アマテラスだけは太陽神のイメージで、そうした役割からはずしてもらっているのでしょう。

作物起源神話については、大林太良氏の有名な研究があります（『稲作の神話』九頁、弘文堂、一九七三年）。それによりますと、

ここで重要なことは、ハイヌヴェレ型の作物起源神話の広大な分布領域の一部が、日本の焼畑耕作の系統を考える上で重要な華南から東南アジア大陸北部の焼畑耕作民のところにも及んでいることである。

つまり、中国南部では広東省北部のヤオ（Yao 猺）族は、その焼畑作物の赤米の起源を、貴い女性の乳房から出た血が籾殻につまったためであると言っている。また、北アッサムの丘陵ミリ（Hill Miri 猺）族の神話には、外来者のために女が身体の各部分から飲食物を作ってもてなし、しかも客がこの調製の有様を目撃する話があり、同じく、北アッサムのシモング（Shimong）族の神話は、明瞭な死体化生型をとっているのである。

とあります。これだけでは、大林氏がなにを述べているのかわかりにくいのですが、この話の前提には、ハイヌヴェレ神話と農耕起源神話という問題があります。

ハイヌヴェレ神話

まずハイヌヴェレ神話について説明しますと、これはドイツの民族学者アドルフ・イエンゼン（一八九九〜一九六五）が南洋のセラム島のウェマーレ族を調査した際に、ウェマーレ族に伝わる神話を採集したことに始まります。このウェマーレ族の神話の中に登場する主人公の女性の名前がハイヌヴェレと言ったため、この神話をハイヌヴェレ神話と称するようになったわけです。

では、その神話とはどのような神話でしょうか。

吉田敦彦氏の研究（『日本神話の源流』講談社現代新書、一九七六年）にそって、かんたんにあらすじを申し上げましょう。

ウェマーレ族では、アメタという男がバナナの実から誕生します。アメタこそが初めての人類でした。アメタがヤシの実を持ち帰ると、夢に神が現われ、そのヤシの実を埋めるように指示します。そのヤシの実は三日で成長し、さらに三日後には花が咲きました。アメタはヤシの木に登った時に指を傷つけ、その血が花にしたたります。すると三日後にはその花に人間ができかけていて、九日後には女の子が生まれました。するとまた夢に神が出てきて、その女の子を育てるように指示します。

アメタはその子にハイヌヴェレと名づけます。ハイヌヴェレは三日で成長し、排便から陶器や鐘を出したので、アメタは裕福になります。

ウェマーレ族のマロ舞踏の日は、男が輪を形成し、女が真中に座り、交歓する日です。ハイヌヴェレが身体から出たサンゴを男たちに渡すと、踊りに集まった男女はハイヌヴェレを気味悪くも、妬ましくも思い、マロ舞踏の最終日にハイヌヴェレを殺害して、穴に埋めてしまいます。

アメタはハイヌヴェレが戻らないので心配し、占いをします。そして、占いでハイヌヴェレの死を知り、マロ舞踏の場に出かけ、ヤシの葉を地面に突き刺し、ハイヌヴェレの死体を見つけます。アメタはハイヌヴェレの死体を掘り出し、それをいくつかに裁断し、広場の周囲に埋めました。すると埋められた死体の各部分から、いろいろな種類のヤム芋が生えてきて、これがウェマーレ族の主食になりました。

このウェマーレ族の神話をイエンゼンはハイヌヴェレ型神話と名づけ、熱帯地方で芋類と果樹を栽培する「古栽培民」の文化として位置づけたのです。ハイヌヴェレ型神話は、女性の死体から芋の種が発生し、ウェマーレ族の主食となったという点で、オホゲツヒメの死体から種子が発生したという神話と似通っています。

しかし、ハイヌヴェレ型神話は芋類を発生させているのに対して、オホゲツヒメ神話では穀物を発生させるという違いがあります。とはいえ、吉田敦彦氏によりますと、「日本のオホゲツヒメ神話と同型の食用植物起源神話の分布は、かなり限定されている」（『日本神話の源流』五二頁）とのことで、①身体から汚物あるいは分泌物を出す方法で食物を出し、②訪問した被饗応者にその場面を目撃されて殺害され、③死体から人間の主食となる食用植物が生じて、農業が創始された、という三つの要素をすべて含んだ神話が見出されるのは、「日本以外では、一方においてアメリカ大陸と、他方では南洋（インドネシア、メラネシア、ポリネシア）に限られる」（同書、五二頁）とのことです。

比較神話学の方法

そういう意味では、芋類か穀類かは大きな問題ではないかもしれません。岡正雄氏がメラネシアの原住民の文化と縄文中期の日本の文化の関係性の高さを指摘していることとリンクしてきます（『図説日本文化史大系 1』小学館、一九五六年、後に岩波文庫『異人その他』に収録、一九九四年）。

これらの先史学的文化複合体は、ニューギニアからメラネシアにかけて見いだされ、比較的古層の母系的芋栽培民文化のそれに著しく類似し、また、民族学的に摘出した精神・社会文化の複合体との対応も相当明確である。日本の土偶は祖先像あるいは地母神像ともみられ、これはニューギニア・メラネシアの祖先木偶と一致し、用具に施された渦巻文装飾および土器面の渦巻文、輪積法による土器・乳棒状石斧・石頭棍棒などすべてその対応が見いだされるのである。私は縄文式時代中期以後すでにタロ芋の栽培が行われていたものと想定している。

こうした比較神話学は、現在に残る民族と、古代の文化との共通性を見出す手法です。地域と地域を結ぶ方法です。しかし、時代性については無視している部分があります。現在に残る古い文化が、古いまま残されている要素があるという前提に立っているわけです。この方法論が、どれくらい有効性があるかはわかりません。また、神話が古い物とも限りません。たとえば、Aの神話を伝え聞いた部族が、それに類似したBという習俗を生みだし、別の部族がそのBの習俗をもとにCという神話を作り上げた時、AとCは類似した神話となります。つまり、あくまで一つの可能性を考える学問ということになります。

比較神話学では、オホゲツヒメ型神話と縄文時代の土偶の類似性も追究しています。土偶が豊穣を祈願していることと、豊満な女性像を象《かたど》っていることは、かなり広く認められています。その土偶が実は、破壊された状態で発掘されることが多いことも、よく知られています。この二つの要素は、次のように関連づけられます。

Ⅰ　豊穣→食物起源

Ⅱ　身体の破壊→オホゲツヒメの死体の各部分

こうしたことを踏まえて、吉田氏は『日本神話の源流』（七二頁）の中で、次のような指摘をしています。

もしも縄文中期農耕の可能性が、認められるとするならば、われわれには、前述したような縄文土偶の奇妙な取り扱われ方が、現在南洋の「古栽培民」のあいだでみられるものにきわめて近い、ハイヌウェレ型神話を反映した儀礼である可能性は、すこぶる濃厚であると思われる。縄文土偶は、ある期間住居の中などで丁重な取り扱いを受けた後、わざわざこわされ、手足をバラバラにされて、村のまわりのあちらこちらにまかれたらしいとのことであるが、多くの南洋神話におけるハイヌウェレ的存在も、殺害された後、屍体を切り刻まれ、または頭と胴体、手足などを分断されている。

吉田氏は、ハイヌヴェレ型神話を史実を表象するものと見るために、縄文時代に農耕が発生しているかいないかということを問題にしておられます。

しかし、食物起源神話が、必ずしも農耕の始原を意味する必要はないのではないでしょうか。水田農耕も、焼畑農耕も考えなくても、オホゲツヒメ型神話、あるいはハイヌヴェレ型神話は、主要食物となる植物の発生起源を語っているだけで、「農耕」に限定された

図23　秋に穀物の収獲を祝う祭礼は各地で行われた（三重県伊賀市山畑　勝手神社の神事踊，伊賀市教育委員会提供）

話ではありません。むしろ神話であることを考えますと、神が食物となる植物を人間界にもたらしてくれた、という意味では、人間が農耕する以前の話と考える方が自然です。

しかも、スサノヲ—オホゲツヒメの場合は、「神《かむ》産《む》巣《す》日《ひの》御《み》祖命《おやのみこと》、茲《こ》の成れる種を取らしめき」とあり、オホゲツヒメの死体から発生した植物の種は、高天原のカミムスビのもとに運ばれています。また、ツクヨミ—ウケモチの場合は、「天熊人《あまのくまひと》、悉《ふつく》に取り持ち去《ゆ》きて奉進《たてまつ》る」となっていて、植物の種はアマテラスのもとに運ばれています。これは重要な違いです。比較神話で登場したハイヌヴェレ型神話では、死体から発生した植物は人間（部族）の主食となるように、人間の世界にもたらされています。ところが、日本神話では、食物神の死体から発生した五穀の種は高天原に運ばれて、神々の手元に置かれているのです。つまり、まだ人間世界にはもたらされていないわけです。

そもそものイザナミの生みだしたオホゲツヒメの箇所では、「和久産巣日神《わくむすびのかみ》。此の神の子は、豊宇気毘売神《とようけひめのかみ》と謂《い》ふ」とあります。ワクムスビもトヨウケヒメも食べ物の神様です。なぜか、このイザナミの神生みの場面には、オホゲツヒメとワクムスビ・トヨウケヒメと三神も食物神が登場しているのです。

世界の五元素

しかも、イザナミはカグツチ神のために死んでしまいます。そしてイザナミの嘔吐物や糞・尿からも神様が生まれています。このイザナミの在り方自体が、ハイヌヴェレ型神話に似ているとも言えます。イザナミの嘔吐物から誕生したのは、カナヤマヒコ神とカナヤマヒメ神、糞から誕生したのはハニヤスヒコ神とハニヤスヒメ神、尿から誕生したのはミツハノメ神とワクムスビ神でした。

カナヤマヒコ神とカナヤマヒメ神はカナヤマですから鉱山の夫婦神です。同じくハニヤスヒコ神とハニヤスヒメ神はハニですから土壌の夫婦神です。最後のミツハノメ神はミツですから水の神です。つまり金・土・水の三元素です。これにヒノヤギハヤヲ神つまり火が加わりますから、世界を構成する五元素の内の火・土・金・水の四元素が登場していることになります。一番最後のワクムスビ神は、「ワク（若）＋ムス（生成）＋ヒ（霊）」と説明されていますが、五元素で考えますと、若木と考えてもよいかもしれません。そうしますと、イザナミの死によって、世界を構成する五元素が生み出されたという神話と理解することもできます。

誕生の順番を考えましょう。

火によってイザナミは死にます。そして金↓土↓水↓木という順番で生みだされています。五行説でいう木↓火↓土↓金↓水の順番とは少し違います。五行説では、木が擦れあうことで火を生みだし、火が燃えることで他の物を土にし、土はその中に金属を生みだし、金属は温度差で水を生みだす、という循環ですが、ここではそれとは少し違った考えのもとに神話が書かれていると考えられます。

火↓金↓土↓水↓木という順番は、カグツチの火の属性を考慮して考えますと、火は金属を溶かして変形させ、農具となった金属は土を耕します。耕された土地は水を引き入れることで植物である木を成長させます。このような循環を考えているのではないでしょうか。日本版の農耕を基盤とした五行説なのかもしれません。

イザナミは、死んだ後に黄泉《よみ》の国に行きます。黄泉の国がどこにあるかはわかりません。わからないというよりは、黄泉の国はあくまで想念上の存在ですから、実際の場所を考えるのはナンセンスともいえます。ですから、あくまでイメージの問題ですが、そのイメージとしては、黄泉の国は地下を想定しています。死んだ後に地下に行くイザナミは、ある意味、地母神としての性格づけがなされているともいえましょう。

カグツチによって死亡する直前に生んだのがオホゲツヒメ神というのは、どういった寓意でしょうか。食物と調理の火との関係からくる連想でしょうか。それとも、オホゲツヒメの死体からさまざまの植物が発生したというモチーフを使って、イザナミの死体からさまざまな神を誕生させたために、近いところにオホゲツヒメを叙述したのでしょうか。いろいろと可能性は考えられますが、結論は不明です。

さて、続きを読んでいきましょう。

凡《おほよ》そ伊耶那岐・伊耶那美の二はしらの神の共に生める島は、壱拾肆《とをあまりよつ》の島ぞ。又、神は、参拾伍《みそはしらあまりいつ》はしらの神ぞ〔是は、伊耶那美神の、未だ神避《かむさ》らぬ以前《さき》に、生めるぞ。唯《ただ》に、意能碁呂島《おのごろしま》のみは、生めるに非《あら》ず。また、蛭子《ひるこ》と淡島《あはしま》とは、子の例《つら》には入れず〕。

さて、イザナキとイザナミによる国生み、神生みの総決算が行われます。それによりますと、二神が生みだした島は十四、生みだした神は三十五神でした。それぞれの数え方としましては、イザナミが死亡する以前に生まれた島や神を対象としています。そして、オノゴロ島は生んだものではありません。また、ヒルコとアワシマは生んだ島の数には入れない、ということでした。

イザナミの死とイザナキ

死を悼むイザナキ

多くの国土と神々を生んだ後にイザナミは死を迎え、ここからは、イザナミの死を悼むイザナキの行動が語られます。

イザナミと比婆之山

故爾《かれしか》くして、伊耶那岐命《いざなきのみこと》の詔《のりたま》はく、「愛《うつく》しき我《あ》がなに妹《も》の命《みこと》や、子の一つ木《き》に易《かは》らむと謂《い》ふや」とのりたまひて、乃《すなは》ち御枕方《みまくらへ》に匍匐《はらば》ひ、御足方《みあとへ》に匍匐《はらば》ひて哭《な》きし時に、御涙《みなみた》に成れる神は、香山《かぐやま》の畝尾《うねを》の木本《このもと》に坐《いま》す、名は泣沢女神《なきさはめのかみ》ぞ。故、其の、神避《さ》れる伊耶那美神《いざなみのかみ》は、出雲国と伯伎国《ははきのくに》との堺《さかひ》の比婆之山《ひばのやま》に葬《はぶ》りき。

イザナキはイザナミの死骸に向かって語りかけます。「私の愛しい妻よ、あなたは子の一人の命と代わろうというのですか」こう言って、イザナミの枕元に腹ばいになり、泣き伏し、さらに足元に腹ばいになり、泣き伏しました。その泣き伏した時に涙から生まれた神がいます。それは香山の畝尾の木の本に鎮座しています神で、名を泣沢女神という神様でした。そして、死んでしまったイザナミ神は出雲国と伯耆《ほうき》国の国境にある比婆之山に葬られました。

オノゴロ島で国生み、神生みをしていて亡くなったイザナミが本州の出雲と伯耆の国境という具体的な土地に葬られるという話に展開しています。神避った神が、人間界の特定の地に葬られるということは、神話体系としては、論理的には考えがたいことです。しかし、こうした話こそが、その土地土地で語られた神話としては、むしろ実態をもった話である可能性が高いといえましょう。

神話には観念的説明性が必要です。科学の時代ではありませんから、科学的証明ができない話は神話で説明しなければならなくなります。

たとえば、出雲と伯耆の国境の山についての由来説明として、イザナミの死が利用されて、説明されたという実態がある可能性はじゅうぶんあるのです。ただし、それは地名説話であって、事実ではないわけです。ですから、高天原の神で、オノゴロ島で出産を繰り返したイザナミがなぜ出雲と伯耆の国境に葬られなければならなかったのか、と考えることはあまり意味のないことになります。結果が先にあり、そこから原因が創作されていくのです。

ここでは、比婆之山という存在があり、その説明としてイザナミの死が利用されているだけであると、単純に割り切る方がよいかと思います。それというのも、『出雲国風土記《いずものくにふどき》』に掲載されている地名説話などが、そのような形態をとっているからです。

たとえば、『出雲国風土記』嶋根《しまね》郡の千酌《ちくみ》の駅家《うまや》の地名説話を見ますと、

千酌の駅家　郡家《こほりのみやけ》の東北のかた一十七里一百八十歩なり。伊佐奈枳命《いざなぎのみこと》の御子《みこ》、都久《つく》豆美命《つみのみこと》、此処《ここ》に坐《いま》す。然れば則ち、都久豆美《つくつみ》と謂《い》ふべきを、今の人猶千酌《ちくみ》と号《なづ》くるのみ。

とあります。都久豆美命という神がいて、それゆえツクツミがチクミに音便変化して地名になったという説明ですが、当然、実態は逆でしょう。チクミという地名があり、それに似たツクツミという神を創作したと考える方が自然です。なぜなら都久豆美命という神がイザナキの御子神として生まれたという記事は『古事記』『日本書紀』にはないからです。

そして神話の効能とはまさにここにあるわけです。

つまり、論理的に説明できない事象、由来を歴史的に説明できない事象については、神

話を語ることで相手を納得させるということです。乱暴な言い方をしますと、神話には合理性は必要ではないのです。「説明」さえあれば、お話が成り立つのです。

さて、愛するイザナミを葬った後、イザナキはその原因となったカグツチに対して怒りをあらわにします。

イザナキの怒り

是《ここ》に、伊耶那岐命、御佩《みは》かせる十拳《とつか》の剣《つるぎ》を抜きて、其の子迦具土神《かぐつちのかみ》の頸《くび》を斬りき。爾《しか》くして、其の御刀《みはかし》の前《さき》に著《つ》ける血、湯津石村《ゆついはむら》に走《はし》り就《つ》きて、成れる神の名は、石析《いはさくの》神《かみ》。次に、根析神《ねさくのかみ》。次に、石筒之男神《いはつつのをのかみ》〔三はしらの神〕。次に、御刀の本《もと》に著ける血も亦、湯津石村に走り就きて、成れる神の名は、甕速日神《みかはやひのかみ》。次に、樋速日神《ひはやひのかみ》。次に、建御雷之男神《たけみかづちのをのかみ》。亦の名は、建布都神《たけふつのかみ》。亦の名は、豊布都神《とよふつのかみ》〔三はしらの神〕。次に、御刀の手上《たかみ》に集まれる血、手俣《たなまた》より漏《く》き出《い》でて、成れる神の名は、闇淤加美神《くらおかみのかみ》。次に、闇御津羽神《くらみつはのかみ》。

上《かみ》の件《くだり》の、石析神より以下《しも》、闇御津羽神より以前《さき》、并《あは》せて八《や》はしらの神は、御刀に因りて生める神ぞ。

イザナキは腰に帯びていた十拳の剣を抜いて、イザナミ死亡の原因となったカグツチの頸を切り落とします。その時に刀の切っ先についた血が、神聖な（ユツ）石の群れ（石

図24　火の神を表現するかの如き大胆な口縁部をもつ縄文時代を代表する火焔型土器（十日町市博物館所蔵）

村）に飛び散って、そこから神が生まれました。その神の名はイワサク神（石析神）・ネサク神（根析神）・イワツツノオ神（石筒之男神）の三神でした。

そして刀の鍔についた血も神聖な石の群れに飛び散って神が生まれました。その神の名はミカハヤヒ神（甕速日神）・ヒハヤヒ神（樋速日神）・タケミカヅチ神（建御雷之男神）の三神でした。このうちのタケミカヅチは、別名があり、タケフツ神（建布都神）ともトヨフツ神（豊布都神）ともいいました。

さらに刀の柄にたまった血は指の間からしたたり落ちました。その時に誕生した神の名はクラオカミ神（闇淤加美神）とクラミツハ神（闇御津羽神）といいました。

以上、カグツチを斬った刀から生まれたのは八神でした。

さて、せっかくイザナミが自分の命を捨ててまで生んだ火の神カグツチをイザナキは怒りにまかせて斬り殺してしまったわけです。現在でも出産時に、嬰児が助かり、母体が命をなくす出産事故はなくなりません。その際、人間ならば、その赤ん坊を母親の忘れ形見として夫は大事に育てるものです。ところが、神であるイザナキは一刀のもとに切り捨てています。いくらその刀や血から八神もの神々が生まれたといっても、人道的には許しがたい行為です。

心情的には愛する妻を亡くした悲しみを理解できなくはありませんが、かといって生まれてきた赤ん坊にはなんの罪もありません。もちろん、この神話の場合は、カグツチの火という属性が、母体を傷つけたという直接的な原因がありますが、これとてもカグツチのせいではないといえましょう。

これは小さな事例かもしれませんが、古代人は神々に人道性を付与していません。神は絶対的な権力をもって君臨しています。それゆえ、イザナキが怒れば、我が子であっても殺害されてしまうのです。それはヒルコや淡島を生んだ時も感じられたことです。ヒルコは「葦船に入れて流し去」られました。淡島は「子の例に入れず」という仕打ちをされています。たとえ自分が生んだ子でも「良くあらず」と判断すると、棄ててしまうのです。

こうした神の冷酷さはなにから生まれているのでしょうか。

おそらくは、古代人が常に正面から向き合っていた自然界の猛威の反映ではないでしょうか。

神の冷酷さ

自然は多くの恵みを人間に与えてくれます。

海は魚や貝や海藻といった食糧を与えてくれ、塩といった生命維持に必要な栄養素も与えてくれます。

山は木の実や茸、獣肉を与えてくれます。

野原は食用できる植物や穀物を与えてくれ、居住地となってくれます。

河川も同じです。魚や水を与えてくれるだけではなく、肥沃な土壌も運んでくれます。

風は植物の受粉を助け、帆を張る船を動かしてくれます。

雨は水を大地に注ぎ、太陽はすべての物を育ててくれます。

ですが、いったん自然が猛威をふるい始めると、人間はただただ翻弄《ほんろう》され、命を失うこともあります。

太陽が照り続け、日照りとなると、植物は枯れ、人間も飢渇《きかつ》します。

雨が降り続けると、植物は腐り、川が氾濫《はんらん》し、海が荒れ、漁にも出られなくなり、狩猟にも出かけられません。

暴風が続くと船は翻弄され、家や建物は被害を受けます。

野原には危険な穴があり、野獣が潜んでいます。

山にももちろん危険地帯がたくさんあり、遭難《そうなん》がつきものです。大型獣との遭遇も危険です。

海は天候の変化一つで天国から地獄に変化します。

自然は人間に恵みをもたらすと同時に、恐怖や危険ももたらすのです。そうした自然を司《つかさど》るのが神々であるならば、神々はけっして人間にとってやさしい存在であるだけではなく、はなはだ冷酷な存在とも考えられたはずです。

いいえ、むしろ、神々の冷酷さこそが人間のもっとも恐れるものだったといってよいかもしれません。科学をもたない古代人が、自然の脅威に直面した時、神の存在を信じなくとも、人智を超えた存在、抗いがたい存在を考えずにはいられなかったことも否定できません。

イザナキの冷酷さも、そうした自然の厳しさ、自然を支配しているであろう存在の厳しさを表現していると考えることができます。

十拳の剣

　ところで、カグツチを斬り殺した十拳の剣はいったいどこから登場したのでしょうか。イザナキ・イザナミは天の沼矛以外なにも持っていなかったはずです。西郷信綱氏は「ツカとは紀に『十握剣《トツカ》』とあるので分かるように、握ったこぶしの長さのこと、そしてこの十拳《トツカ》は刀身の長さをさす」（『古事記注釈』第一巻、一六三頁）という説明はしてくれていますが、それがどこから出現したのかには注意していません。これは単に十拳の剣の名称説明でしかありません。実は他の国文学者の方々も、十拳の剣の出現については、あまり注意を払わず、それによってカグツチが惨殺され、その結果、八神が出現したことだけを取りあげています。

　この十拳の剣は日本神話のさまざまな場面で登場していますので、固有名詞ではなく、十握りの長さの剣という意味の一般名詞と考えられています。

　もっとも著名なのはスサノヲの佩刀《はいとう》としてです。まず、スサノヲが母イザナミを慕って黄泉の国に行く途中、アマテラスのいる高天原に立ち寄ろうとして、アマテラスに阻《はば》まれた際に、自分の心の清浄なることを証明するためにウケイを行った時に登場しています。

　故爾《かれしか》くして、各《おのおの》天《あめ》の安《やす》の河《かは》を中に置きて、うけふ時に、天照大御神《あまてらすおほみかみ》、先づ建速須《たけはやす》佐之男命《さのをのみこと》の佩《は》ける十拳の剣を乞ひ度《わた》して、三段《みきだ》に打ち折りて、ぬなとももゆらに天《あめ》の真名井《まなゐ》に振り滌《すす》ぎて、さがみにかみて、吹き棄《う》つる気吹《いふき》の狭霧《さぎり》に成れる神の御名《みな》は、多紀理毘売命《たきりびめのみこと》。

アマテラスとスサノヲが天の安の河でウケイをします。その際に、アマテラスはスサノヲの帯びていた十拳の剣をもらいうけ、三つに打ち折って、天の真名井の水ですすいで、噛《か》み砕いて吹き出した息吹の中から神が生まれるわけです。

この時にスサノヲは十拳の剣を帯びていたのですが、それはアマテラスに噛み砕かれて

図25　剣を帯びた武装男子埴輪
（東京国立博物館所蔵）

しまいます。ところが、次にスサノヲが高天原を追放され、出雲国に降り立ち、ヤマタノオロチを退治する際には、やはり十拳の剣を帯びているのです。

爾《しか》くして、速須佐之男命、其の御佩《みは》かしせる十拳の剣を抜き、其の蛇《へみ》を切り散《ちら》ししかば、肥河《ひのかは》、血に変《かは》りて流れき。故《かれ》、其の中の尾を切りし時に、御刀《みはかし》の刃《は》、毀《こほ》れき。

この時もスサノヲは自分の佩刀として十拳の剣をもっています。そしてヤマタノオロチの尾を切ったために、十拳の剣は刃が欠けてしまいます。

剣の性質

この二つの事例から、どのような十拳の剣の性質が読み取れるでしょうか。大きく分けて次の二点が指摘できます。

①　スサノヲのような勇猛な神が身につける佩刀

②　ウケイや霊獣を倒す際に用いられる霊力のある剣

こうした性格の剣であるなら、イザナキとイザナミという造物神の間に生まれたカグツチを斬り殺すにはもっともふさわしい剣といえるかもしれません。それがどこから出現したかという問題よりも、カグツチという神を斬るにふさわしい剣はなにかという問題の方が重要で、それは霊力のある十拳の剣でなければならなかったということかもしれません。

先ほどのヤマタノオロチの尾を切った話には続きがありまして、十拳の剣の刃を欠けさせた原因を調べると、尾のその部分に「つむ羽《は》の大刀《たち》」が入っていたのです。そしてこの大刀がアマテラスに献上され、草薙《くさなぎ》の剣《つるぎ》となるのです。

草薙の剣は、後に八咫《やた》の鏡《かがみ》・八尺瓊《やさかにの》の勾玉《まがたま》とセットで三種《さんしゅ》の神器《じんぎ》とされます。つまり剣は支配の象徴の一つに考えられているのです。これは日本だけの現象ではありません。大林太良氏の研究（『東アジアの王権神話』一〇〇〜一頁、弘文堂、一九八四年）によりますと、
戦神としての刀剣の崇拝は、非常に特徴的な分布圏をもっている。西はヨーロッパから、内陸アジアを経て東は日本に及ぶこの大きな地域である。そしてこの戦神としての剣の崇拝は、紀元前一千年紀に、ユーラシア内陸の草原地帯に騎馬遊牧の民族が登場するとともに出現している。歴史の父と呼ばれるギリシアのヘロドトスは、黒海の北のスキタイが、薪の山の上に、古い鉄刀をたて、これを戦神アレスの神体として崇拝したことを記している。そして東方においては、古代匈奴が径路刀を祀っていたことが『前漢書』に出ている。

とあります。草薙の剣が象徴的な存在だとしますと、十拳の剣は実質的な戦神としての武器として意識されていたのかもしれません。

そう考えますと、イザナキは十拳の剣で火を支配したという読み方もできます。つまり、

火を支配することで、鉱山（金山）から採れる鉱物を溶解して金属器を作りだすことができます。また粘土（波邇）を焼成することで土器を作ることもできます。

そして、カグツチを斬った血から生まれた神々を考えますと、石析神《いわさくのかみ》・根析神《ねさくのかみ》・石筒《いわつつ》之男神《のおのかみ》が最初にあります。これらは、石を切り出すことのできる金属器、土を耕す金属器、物を入れる金属容器とも読み取れます。つまり鉱物を火でもってさまざまな必需品に変える現象を象徴しているように読めるのです。次の甕速日神《みかはやひのかみ》・樋速日神《ひはやひのかみ》・建御雷之男神《たけみかずちのおのかみ》についても、文字に注目すると、甕・樋・剣です。これらも金属製品です。闇淤加美神《くらおかみのかみ》・闇《くら》御津羽神《みつはのかみ》についても、闇は峡谷の意味をもつと同時に、蔵に音通していますから、水を貯めておく金属容器とも解することができます。こうした字義の二重性は物語にはよくあることです。

カグツチと山の神

さて話を進ませましょう。

カグツチの死体からもたくさんの神が誕生します。

殺さえし迦具土神《かぐつちのかみ》の頭《かしら》に成れる神の名は、正鹿山津見神《まさかやまつみのかみ》。次に、胸に成れる神の名は、淤縢山津見神《おどやまつみのかみ》。次に、腹に成れる神の名は、奥山津見神《おくやまつみのかみ》。次に、陰《はぜ》に成れる神の名は、闇山津見神《くらやまつみのかみ》。次に、左の手に成れる神の名は、志芸山津見神《しぎやまつみのかみ》。次に、右の手に成れる神の名は、羽山津見神《はやまつみのかみ》。次に、左の足に成れる神の名は、原山津見神《はらやまつみのかみ》。次に、右の足に成れる神の名は、戸山津見神《とやまつみのかみ》〔正鹿山津見神より戸山津見神に至るまでは、幷せて八はしらの神ぞ〕。故、斬れる刀《たち》の名は、天之《あめの》尾《を》羽張《はばり》と謂《い》ふ。亦の名は、伊都《いつ》之《の》尾《を》羽張《はばり》と謂ふ。

カグツチの身体のそれぞれの部位から生まれ出た神を一覧しますと、次のようになります。

頭…マサカヤマツミ神（正鹿山津見神）
胸…オドヤマツミ神（淤縢山津見神）
腹…オクヤマツミ神（奥山津見神）
陰…クラヤマツミ神（闇山津見神）
左手…シギヤマツミ神（志芸山津見神）
右手…ハヤマツミ神（羽山津見神）
左足…ハラヤマツミ神（原山津見神）
右足…トヤマツミ神（戸山津見神）

これもまたイザナミの場合と同じで、死体から神が生まれるパターンで、これが神ではなく穀物や食物ならばハイヌヴェレ型神話となります。こうした繰り返しがあるのも、物語の一つの手法です。

　カグツチの死体から生まれた神々の名前には共通性があることは一目でわかります。すべて「○○＋ヤマツミ神」という構造になっています。ヤマツミ神は山の神のことです。ここでは山の神が細分化されているわけです。マサカ＝目前の山、オド＝山の大門、オク＝山の奥、クラ＝峡谷、シギ＝繁山、ハ＝麓、ハラ＝山裾、ト＝山の入口、というふうに考えますと、山の各箇所を意味していると考えられます。なぜ火の神であるカグツチから山の神が生まれるのかということについては、益田勝美氏の考え方が一つのヒントになります（『火山列島の思想』ちくま学芸文庫、六五頁、一九九三年）。

　原始・古代の祖先たちにとって、山は神であった。山が清浄《しょうじょう》であるからではなく、山が神秘不可測な〈憤怒〉そのものであったからである。山は、まず火の神であることにおいて、神なのであった。（中略）肥前（火の前《さき》）・肥後（火の後《しり》）が、雲仙・阿蘇などの火山を抱いた火の国と呼ばれる地方であることは周知のことだが、その火の国だけが〈火の国〉でないことは、大隅のオオナモチの例からもわかろう。〈火の神〉の信仰という形で山岳を祭りつづけたのが、日本人の特色といえよう。

山を神とする考えは益田氏の指摘する火山からの発想だけではないでしょう。しかし火山を各地に有する日本では、山は火を噴きだす存在であるという意識も十分に存在したといえるでしょう。そうしますと、カグツチの頭から右足に至るまでの部位は、火山が噴火して溶岩が流れる場所を暗示しているとも読み取れます。

神話を実態と対比させる必要は必ずしもありませんが、このように比喩的に語られることも一つの物語の手法です。聞き手が説明されなくても、なんとなく理解できる程度の比喩というのは、物語としては効果的な表現方法といえます。そして、前に指摘しました繰り返し表現が、それぞれの神の名前のところで使われています。

黄泉の国

さて、カグツチの殺害を終えたイザナキは、それだけでは我慢できなくなり、結局、黄泉《よみ》の国にイザナミを訪ねて行きます。

黄泉の国を訪ねる

是《ここ》に、其《そ》の妹《いも》伊耶那美命を相見《あひみ》むと欲《おも》ひて、黄泉国《よもつくに》に追ひ往《ゆ》きき。爾《しか》くして、殿《との》より戸《と》を縢《と》ぢて出《い》で向《むか》へし時に、伊耶那岐命の語りて詔《のりたま》ひしく、「愛《うつく》しき我《あ》がなに妹《も》の命《みこと》、吾《あれ》と汝《なむち》と作れる国、未だ作り竟《をは》らず。故《かれ》、還《かへ》るべし」とのりたまひき。爾《しか》くして、伊耶那美命の答へて白《まを》さく、「悔しきかも、速く来《こ》ねば、吾《あれ》は黄泉戸喫《よもつへぐひ》を為《し》つ。然れども、愛《うるは》しき我がなせの命の入《い》り来坐《きま》せる事、恐《かしこ》きが故に、還らむと欲《おも》ふ。且《しまら》く黄《よ》泉神《もつかみ》と相論《あひあげつら》はむ。我を視《み》ること莫《なか》れ」と、如此白《かくまを》して、其の殿の内に還り入る間《あひだ》、甚久《いとひさ》しくして、待つこと難《かた》し。故《かれ》、左の御《み》みづらに刺せる湯津々間櫛《ゆつつまくし》の男柱《をばしら》を一箇《ひとつ》取り闕《か》きて、一つ火を燭《とも》して入り見し時に、うじたかれころろきて、頭《かしら》には大雷《おほいかづち》居《を》り、胸には火雷《ほのいかづち》居り、腹には黒雷《くろいかづち》居り、陰《ほと》には析雷《さくいかづち》居り、左の手には若雷《わかいかづち》居り、右の手には土雷《つちいかづち》居り、左の足には鳴雷《なるいかづち》居り、右の足には伏雷《ふすいかづち》居り、并せて八くさの雷《いかづち》の神、成り居りき。

イザナミに会うために黄泉の国まで出向いて行ったイザナキは、「愛する私の妻よ、二人で作ろうと言った国造りがまだ終わっていませんよ。さあ、一緒に帰りましょう」と語りかけます。すると、イザナミは、「なんと悔しいことでしょう。あなたが早く来てくれなかったから、私は黄泉の国の食べ物を食べてしまいました。ですが、いとしい私の夫がわざわざ来てくれたのですから、私も帰りたいと思います。なんとか黄泉の神に相談してみます。ですからけっして私を覗き見てはいけませんよ」と答えました。イザナミはそう言い残して、建物の奥に入ってしまったのです。イザナキは長い時間待たされたので、我慢できなくなり、建物の奥を覗こうとします。左のみずらに結った頭髪に挿していた神聖な櫛の歯を一本折って、それに火をともして、奥を覗き見てしまいました。すると、イザナミの身体にはウジがたかって這いまわっており、頭には大雷がおり、胸には火雷がおり、

図26　黄泉の国の入口をイメージさせる古墳の石室の彩色
（熊本県チブサン古墳）

腹には黒雷がおり、女陰には析雷がおり、左手には若雷がおり、右手には土雷がおり、左足には鳴雷がおり、右足には伏雷がいるという恐ろしい状態になっていたのです。

この場面を読むと、まず、死者の国にイザナキがかんたんに行ってしまうことに驚きます。人間の感覚では、黄泉の国には死者しか行けないという固定概念があります。逆にいいますと、黄泉の国に行く人はすでに死んでいるということです。ところが、イザナキはいともかんたんに黄泉の国に行ってしまっています。神様だから平気なのか、と理解しようと努力しますが、なかなか納得できません。

するど、一つの条件があることに気づきます。

それはイザナミの言葉です。

黄泉戸喫

もっと早く迎えに来て欲しかった。もう黄泉の国の食べ物を食べてしまった、という後悔の言葉があります。ということは、黄泉の国に行っても、そこの食べ物を食べなければ、またもとの生の世界に戻れるようだ、ということに思い当るわけです。これは一種の共同飲食（共食）のルールです。「同じ釜の飯を食った仲間」という表現があります。これは共食という行為による連帯性の強調です。イザナミは黄泉の国の食べ物を食べてしまったために、黄泉の国の仲間になってしまったということです。逆に考えますと、黄泉の国の住人と同じものを食べていなければ仲間ではないので、もとに戻れる可能性が生まれるということです。

それゆえ、イザナミが「黄泉神《よもつかみ》と相論《あひあげつら》はむ」余地があったわけでしょう。

しかし、死者の国に食事があるという発想は、どこからきたものでしょうか。また、神様も食事をするのでしょうか。考え出すときりがありませんが、食事のことが出てきたのは、『古事記』ではここが最初です。なぜ黄泉の国での物語に食事が登場するのかは不明ですが、ギリシア神話にも類話があります。

ギリシア神話では、ゼウス黙認のもとに冥府の王プルートーン（ハーデス）が大地母神デーメーテルの娘コレー（ペルセポネー）を誘拐した事件の中で、娘を迎えに行ったデーメーテルの言葉に共食についてのルールが語られています。呉茂一氏の『ギリシア神話（上）』（二七一～二頁、新潮文庫、一九七九年）より、その場面を引用しましょう。

> 冥王ハーデースは眉をあげて笑うと、ペルセポネーに、すぐ母神のもとに帰してやるから、支度をするよう申し渡した。しかし同時に、彼女の喜ぶ隙に乗じて、深い企みから、甘い柘榴《ざくろ》の実をとって、そっと彼女にすすめた。それはコレーが、このまま母神のもとへ行ったきりにならずに、帰って来るようとの企みだった。（中略）女神

（デーメーテル）は何とない心配に、胸騒ぎを覚えた。それで気遣わしげに愛撫《あいぶ》をやめて、娘の顔をしげしげと見まもりながら、もしや冥府で、ひょっとして何か口に入れはしなかったか、と訊ねるのだった。

「まさか地の下においでのおりに、何か食物を口にお入れではなかったろうね。隠さずに言って下さい。もし何も食べてなければ、忌わしい冥府から帰って、ずっと私たちの所にいられようけれど、もし食べたとすれば、貴女はまた冥府に戻っていかなければならないのです。ともかくも一体どんなふうにしてハーデースは貴女を攫っていったのか、どんな具合に騙《だま》したのか、聞かせて下さい」

（中略）ゼウスはまた（母に当る）レイアーを女神のもとに遣《や》って、神々の親しい仲間に加わるようと勧めさせ、同時に望むほどの栄誉を、不死の神々のあいだで、彼女に授けることを約束した。またペルセポネーは、一年の三分の一は濛々たる闇黒界で過さねばならないが、残りの三分の二は、母神や他の神々と一緒に暮させよう、と言い送った。

ギリシア神話と古事記神話の死の世界における共食に関する設定が類似していることは、とても興味深いことです。前にも述べましたが、神話を体系的にまとめようとしたり、整合性をもたせようと整理したりすると、どうしても同じような論理の上に物語を展開させなければならなくなるのでしょう。

共同飲食の習俗

ただし、共同飲食に関する習俗は、特別に観念の中で作りあげなくとも、ほぼどの時代のどの社会でも見出せるものではないでしょうか。

『日本民俗事典』（弘文堂、一九七二年）の「共食」の項では、

祭礼終了後、神役《かみやく》氏子が参集して執行する直会《なおらい》の際に、神飯を飲食すること。（中略）神前での共食が穢れなき身の潔白を示す意味から、同じ志をもつものの結合やその象徴とみなされたのは後の変化で、武士団の党やヤクザの社会集団では、酒を酌み交わし会食することをもってチギリのシンボルとしている。

と説明されています。この説明では、本来、神前でお供え物を下げて、氏子《うじこ》たちが共同で飲食する形態であったということになります。しかし、『古事記』の記事を見る限りでは、もっと古くから存在するように思われます。柳田國男氏は『食物と心臓』（『定本柳田國男集』第十四巻、二六四頁、筑摩書房、一九六九年）の中で、次のような指摘をしています。

けだし飲食物の共同摂取が、之に参加する人々を結び付けた如く、その別々の受用が彼等を隔絶し、今まで親しかつた者をも他人にするといふ思想は、遠くは神代史の

黄泉戸喫《よもつへぐひ》（飡泉之竈）の條にも表はれて居る。人が仲間にすることを畏れる者の食物を、忌の飯として避けて居た癖は、葬儀を一個の飽満の機会の如く、心得るに至つた時代までも尚続いて居たのである。

柳田氏によれば、イザナミがヨモツヘグイ（黄泉戸喫）して黄泉の国の人々と仲間になったことは、同時に現世の人々とは隔絶したことを意味するとのことです。これは一種の穢れ思想でしょう。穢れというよりはエンガチョ（縁切り）に近いものかもしれません。いわゆるグルーピングです。これは社会においてしばしば起こる現象です。たとえば、イギリス人たちが主として紅茶を飲むのに対して、フランス人がコーヒーを飲むといった現象も、もともとは輸入の問題から発生していても、次第に国民性や嗜好性のグルーピングにまで発展しています。

ところが西郷信綱氏は、『古事記』の黄泉の国の話をモガリ（殯）の説話化と解して、モガリがこのように生死不明の時期にあたっており、ヨミガヘルことがありうると考えていたからである。この生と死をわかつのがヨモツヘグヒであった。したがってヨモツヘグヒを実体化して、何かを食べることと解するのはよくない。それは生と死をわかつ一つの説話上のしきりであり、生死不明の時を経て現に死ぬことがすなわちヨモッヘグヒしたことと同義であったと見るべきであろう。

と述べています（『古事記注釈』第一巻、一七五頁）。少々わかりにくい文章ですが、ようするにヨモツヘグイは死から逃れられないことの物語的表現であるということでしょう。もちろんその通りです。死の世界から戻れないからこそ、ヨモツヘグイをしてしまったという設定にしているわけです。しかし、そこに共食の論理が導入されていないかというと、それを否定する必然性は感じられません。

こうした物語は、不可逆性の真理をいかにして物語化するかという命題をもっています。その際に、読み手や聞き手が、「どうしてそんなことをしたの?」と思えることを主人公にさせて、結局、不可能であったという結果に落ち着かせるという手法をとります。たとえば、浦島太郎も玉手箱を開けなければ竜宮城に戻れるのに、と読者や聴衆に思わせていますが、実は、竜宮城を出て現世に帰ってきた時点で、竜宮城に戻れないのです。もし、戻れるならば、乙姫様は玉手箱を浦島太郎に渡さなければいいのですし、渡された浦島太郎も持って来ないで、竜宮城に置いてくればいいのです。しかし物語はそうはなりません。必ず浦島太郎は現世に玉手箱を持ってきて、それを開けてしまうのです。

ここでもそうです。食べなければ帰れた。しかし黄泉の国の人々と共食してしまった。

だから帰れない。そうした物語展開です。

　また、イザナキが本当にイザナミを連れ戻したければ、奥を覗かなければいいのですが、覗いてしまいます。それは死んだ人間はけっして生き返らないからです。結果はけっして変わらないのです。しかしそれでは物語として面白くありません。なんらかの手段があり、それさえクリアできれば、イザナミ（死者）は生き返るはずですが、たまたまそのチャレンジに失敗してしまった、という展開にしたほうが、ずっと話としては面白いのです。

　つまり、ヨモツヘグイと視るなのタブー、という二つのチャンスを二神は逃してしまっているのです。これではイザナミが生き返れなくてもしかたありません。

黄泉神と人間の死

　それから、ここに登場する黄泉神はいつ誰によって生みだされた神なのか不明です。こういうところが、いくら体系的に日本神話を高天原系で統一しようとしても、どうしてもほころびてしまうところではないかと思います。

渾沌から世界が生じ、神々が生まれ、国生みが行われるという、まさに創造神話を作りあげながら、他方で死の世界については無条件に存在させてしまっているわけです。

　無条件にというよりは、生の現実世界が成立した瞬間に死の世界が誕生するのでしょう。生と死は表裏一体ですから、それは説明の必要ないこととも考えられます。

そうすると、ここに登場した黄泉神は特定の「黄泉の国」を支配する神という意味ではないのかもしれません。もっと一般的な黄泉の国に存在する神々という意味と捉える方がいいのかもしれません。さらに言えば、イザナミは後に「黄泉津大神《よもつおほかみ》」と呼ばれるようになりますから、ここの黄泉神もイザナミ自身かもしれません。自分のことを自分自身である黄泉神に相談する。まさにパラドックスです。しかし、神が時空を超える存在だとしますと、この時点より未来に黄泉を支配する自分自身に会いに行って、その時点での黄泉の国のルールに照らし合わせてもらうという不可思議な芸当ができてもおかしくはありません。

もっともこうした考えは後の世の人間の想像するものでしかなく、古代の人々はなんら疑問を感じず、この場面を聞いていたのかもしれません。

それにしましても、イザナミの身体の各部分に雷が発生しているというのは、ある意味、神様らしい様子ともいえますが、身体に蛆《うじ》がたかっているというのは、神様らしくない状態です。たとえば、さきほどのギリシア神話では、神々は冥府には普通の状態で往来できています。ハーデスに冥府に連れて行かれたペルセポネーは、一年の三分の一は闇黒の冥府で過ごさねばなりませんが、残りの三分の二は、母神デーメーテルと一緒に暮せるわけ

図27　青木繁画「黄泉比良坂」(東京藝術大学大学美術館所蔵)

です。つまりペルセポネーの身体は普通の状態が保たれていると考えられます。これでこそ神族です。もっとも死なないで黄泉の国に行ったイザナキは、黄泉の国から帰った後も、以前と同じ姿で存在していますから、「死」というファクターが重要になってくるのかもしれません。

イザナミについて考えますと、火に焼かれて死に、黄泉の国に行くと蛆がたかるというのは、あまりにも人間臭い状態といえます。宗教学者の山折哲雄氏は、神々の退場の仕方に「隠す」と「葬る」の二種類があることを指摘しています。その「身を隠す神と葬られる神」(『ユリイカ』第十七巻第一号、一九八五年)という論文の中で、イザナミが比婆《ひば》の山に葬られた記事について、

イザナミが山陰の国境に葬られたことを示す一文であるが、この「葬《はふ》り」の背景には明らかに遺体の埋葬という事実が横たわっている。というのも、このあとにつづく「黄泉国《よみのくに》」の記述とイザナギによる冥界訪問の話が、葬られたあとの屍体の腐爛という事態をめぐって展開されているからである。この意味においてイザナミの「神避りし」状況は、まさに身を隠す神の姿ではなく、土に帰る人の屍体をこそあらわしているといわなければならない。

イザナミの黄泉の国での身体的状態は、まさに山折氏の言うように人間の死体そのものです。つまり、ここで語られていることは神の物語ではなく、人間の死についてであると考えざるをえません。

追われるイザナキ

　では、話の続きがどう展開するか見ていきましょう。イザナキの逃走劇の始まりです。

是《ここ》に、伊耶那岐命、見畏《みかしこ》みて逃げ還る時に、其の妹《いも》伊耶那美命の言《い》はく、「吾《あれ》に辱《はぢ》を見しめつ」といひて、即ち予母都志許売《よもつしこめ》を遣して、追はしめき。爾《しか》くして、伊耶那岐命、黒き御縵《みかづら》を取りて投げ棄《う》つるに、乃《すなは》ち蒲子《えびかづらのみ》生《な》りき。是を摭《ひり》ひ食《は》む間に、逃げ行きき。猶《なほ》追ひき。亦、其の右の御《み》みづらに刺せる湯津々間櫛《ゆつつまくし》を引き闕《か》きて投げ棄《う》つるに、乃ち笋《たかみな》生《な》りき。是《これ》を抜き食《は》む間に、逃げ行きき。且《また》、後には、其の八《や》くさの雷の神に、千五百《ちいほ》の黄泉軍《よもついくさ》を副《そ》へて追はしめき。爾くして、御佩《みは》かしせる十拳の剣を抜きて、後手《しりへで》にふきつつ、逃げ来つ。猶追ひき。黄泉《よもつ》ひら坂《さか》の坂本《さかもと》に到りし時に、其の坂本に在《あ》る桃子《もものみ》を三箇《みつ》取りて待ち撃《う》ちしかば、悉《ことごと》く坂を返りき。爾くして、伊耶那岐命、桃子に告《の》らさく、「汝《なむち》、吾《あれ》を助けしが如く、葦原中国《あしはらのなかつくに》に所有《あらゆ》る、うつくしき青人草《あをひとくさ》の、苦しき瀬に落ちて患《うれ》へ惚《なや》む時に、助くべし」と、告《の》らし、名を賜ひて意《お》富加牟豆美命《ほかむづみのみこと》と号《なづ》けき。

イザナキが恐れ怖じて逃げ出すのに対して、イザナミは「私に恥をかかせたわね！」と叫んで、ヨモツシコメにイザナキを追わせます。それを見たイザナキは、髪飾りの黒い御縵を取って投げ棄てると、そこからたちまち山葡萄（蒲子）が生えてきて実がなりました。ヨモツシコメは食い意地が張っているのでしょう、イザナキを追いかけることを忘れて、山葡萄を食べ始めます。その間にイザナキは逃走します。

ところがヨモツシコメたちはあっという間に食べつくして追いついてきます。そこで、今度は聖なる櫛を、歯をばらばらにして投げ棄てました。すると筍がにょきにょきと生えてきました。ヨモツシコメたちはこれにも飛びついて、筍を抜き取って食べ始めました。イザナキはその間にまた逃走します。

追手はいつの間にか、イザナミの身体に発生していた八柱の雷神まで加わっています。その八柱の雷神は千五百の黄泉軍を率いているのです。イザナキは腰に帯びていた十拳の剣を抜いて、後ろ手に振り回しながら逃げました。しかし、黄泉軍は追いかけてきます。このあたり、まさに追いつ追われつのドキドキする場面です。

ヨモツヒラ坂（黄泉比良坂）の坂本に至った時、その坂本に生えていた桃の実を三個取

図28　青木繁画「黄泉比良坂」下絵（福岡市美術館所蔵）

って、それで黄泉軍を迎え撃ちました。黄泉軍は桃の実に恐れをなして、みな逃げ去りました。イザナキは、桃の実に「お前が私を助けてくれたのだな。もし葦原中国に住む人々が、私のように苦しむような事態になったなら、助けてやってくれ」と言って、オホカムヅミ命という名前を与えました。

この場面は、むずかしいことは抜きにして、純粋にイザナキの逃走が成功するか否かを楽しむ場面です。たった一人で逃げるイザナキに対して、追手はヨモツシコメから、八雷神率いる黄泉軍千五百に増えていきます。それに対抗するため、イザナキが使用したのは、クロミカヅラやユツツマグシといった小さなアイテムです。ところがこれらが魔法のごとく威力を発揮してイザナキの逃避を助けてくれるのです。

そして、なんと桃の実という果物が霊力を発揮して黄泉軍千五百を撃退してしまうというどんでん返しが待っているのです。

これはもう、イザナキの逃げおおせることを期待している聴衆にとって、最高のラストとなります。聞き手が子どもたちだったならば、「あ〜、よかった」とため息つくところでしょう。

桃の実が邪を祓う霊力をもつとされていたことは多くの研究者が指摘する通りでしょう。西郷氏の指摘にありますように、中国・梁の宗懍《そうりん》が六世紀半ばに編集した『荊楚歳時記《けいそさいじき》』に「桃は五行の精有り。邪鬼を厭伏《ようふく》し、百鬼を制する也」とあります。ここでは、はっきりと桃は万物を構成する五行の霊力をもっていて、邪鬼を祓い、百鬼を制御する力があると書かれています。つまり桃が霊力をもっているというのは、中国の思想だということです。それが日本に伝わり、このようなイザナキのアイテムとなったのです。

また、ずっと時代はさがりますが、日本では平安時代に、追儺《ついな》（おにやらい）という鬼を祓う儀式が行われました。追儺というのは、十二月晦日の夜に、内裏《だいり》において悪鬼を追い払う儀式です。その追儺の方法については、「親王已下《いげ》、桃弓《もものゆみ》・葦箭《あしのや》・桃杖《もものつえ》を執り、宮城の四門より儺《やら》い出せ」と『延喜式《えんぎしき》』大舎人式《おおどねりしき》に定められています。ここでも桃の木で作られた弓や杖が宮中から鬼を追いだす武器として用いられています。桃が鬼を追い払う性質のものであるという考えが、平安時代にまで続いていたことがわかります。

葡萄や筍をむさぼり食べたヨモツシコメたちが桃の実に逃げ出すというのは、お話としても滑稽で面白い話です。桃の方がもっと美味しいとも思うのですが、桃の聖性を鬼は苦手としたのでしょう。

人の生と死

さて、なんとか虎口《ここう》を脱したイザナキですが、その後はどうなったでしょうか。

最《もと》も後《のち》に、其の妹《いも》伊耶那美命、身自《みづか》ら追ひ来つ。爾《しか》くして、千引《ちびき》の石《いは》を其の黄泉《よもつ》ひら坂に引き塞《ふさ》ぎ、其の石《いは》を中に置き、各《おのおの》対《む》き立ちて、事戸《ことど》を度《わた》す時に、伊耶那美命の言《い》ひしく、「愛《うるは》しき我《あ》がなせの命《みこと》、如此《かくせ》為ば、汝《なむち》が国の人草《ひとくさ》を、一日《ひとひ》に千頭《ちかしらくび》絞り殺さむ」といひき。爾くして、伊耶那岐命の詔《のりたま》ひしく、「愛《うつく》しき我《あ》がなに妹《も》の命、汝然《しかせ》為ば、吾《あれ》一日に千五百《ちいほ》の産屋《うぶや》を立てむ」とのりたまひき。是《ここ》を以《もち》て、一日に必ず千《ち》人《たり》死に、一日に必ず千五百人《ちいほたり》生るるぞ。故、其の伊耶那美神命を号《なづ》けて黄泉津大神《よもつおほかみ》と謂ふ。亦云はく、其の追ひしきしを以て、道敷大神《ちしきのおほかみ》と号《なづ》く。亦、其の黄泉坂《よもつさか》を塞げる石は、道反之大神《ちがへしのおほかみ》と号く。亦、塞《ふさが》り坐す黄泉戸大神《よもつとのおほかみ》と謂ふ。故、其の所謂《いはゆ》る黄泉ひら坂は、今、出雲国の伊賦夜坂《いふやさか》と謂ふ。

ほっとしたのも束の間、最後には元凶のイザナミが追いついてきました。イザナキは防御策として、千人力でなければ動かないという千引石を蓋にして、ヨモツヒラ坂を閉じてしまいました。イザナキとイザナミの二神は、この千引石を間に挟んで、別離の言葉をかわします。

イザナミが、「愛しい私の夫であるあなたが、このような仕打ちをするならば、私はあなたの国の人々を一日に千人絞め殺しますからね」と言いますと、イザナキは「愛しい私の妻であるあなたが、そのようなことをするというのなら、私は一日に千五百の産屋を建てよう」と言い返します。これによって、人間は、一日に千人が死亡し、千五百人が誕生することになったのです。

以後、イザナミはヨモツオホカミ（黄泉津大神）と呼ばれます。また、イザナキに追いついたことからチシキノオホカミ（道敷大神）とも呼ばれました。そのヨモツ坂を塞いだ石はチガヘシノオホカミ（道反之大神）と名づけられました。あるいはヨモツトノオホカ

図29　自然界に存在する巨石は異界との境界と考えられた（新宮市神倉神社の御神体ごとびき岩，新宮市商工観光課提供）

ミ（黄泉戸大神）とも言います。なお、そのヨモツヒラサカは、今の出雲国のイフヤサカ（伊賦夜坂）のことと言われています。

ここで語られていることは、神々の話というよりは、人間の死と生についての物語と言うべきでしょう。人間が生まれ、そして死ぬことは誰でも知っています。しかし、なぜ死ぬのか、なぜ人が死んでも村の人口は減らないのか。そうした疑問はあるはずです。そうした若者の疑問に答える話が、このイザナキとイザナミの言い争いです。

世界を創った二神がケンカしてい

るために、人間は毎日死ぬ。しかし、その一方で死ぬ人間の数よりも多くの人間が生まれるようになっている。生と死が創造神によって決められているということになります。

ここで生死の対象とされている「青人草」について考えてみたいと思います。

青人草

人草が人間のことであるのは疑いようのないことですが、いったいいつから人間が登場したのでしょうか。この問題については、あまり検討が進んでいないようです。小学館版の頭注には、

この現実の世界の人間につながるものが「青人草」で、今までその出現に触れることなく、ここで初めて既にあるものとして言及する。出現を述べないのは、主題は神を語ることにあり、人間は関心の外にあるからである。

と説明されています。たしかにそういう要素もあるかと思います。

しかし、国生み、神生みをしてきた経過においては、人間生みは行われていないことはたしかです。その一方で、イザナミの言葉には、「汝が国の人草」とある以上、すでにこの人草は存在しているとしか考えられません。これから生みだされる人草を想像して、殺人予告をしている可能性もゼロではありませんが、「草」と表現していることからも、青《あお》

黴《かび》のごとく神々の創造とは別の次元で、生き物が誕生しており、その中に人間も含まれていたように読むほうが自然です。

本居宣長も青人草について、「草の彌益々《イヤマスマス》に生茂《オヒシゲリ》はびこるに譬《タトヘ》たる稱《ナ》なり」（『全集』第九巻、二五二頁）と指摘しています。こうした表現には、どこか人間は神々の創造とは関わらないところで誕生しているという意識の混入が感じられます。

ところが、イザナキの言葉に目を向けると、「吾一日《あれひとひ》に千五百《ちいほ》の産屋《うぶや》を立てむ」と言い放っています。これによりますと、一日に生まれる千五百人の人間はイザナキが生みだしているように読めます。

「人間は神々の営みとは別個に誕生した」⇕「イザナキは一日に千五百人の人間を生んでいる」

この両者はパラドックスです。

この両方を認めると、人間には神とは無関係に生まれる人間と、イザナキによって生みだされる人間の二種類がいることになります。

ここで思い出してほしいのは、『古事記』『日本書紀』が編纂された理由です。簡潔に言いますと、編纂理由は大王家・天皇家の国家統治原理の正当性を示すためでした。そして、大王家が統治する正当性とはなにかと申しますと、天孫ニニギノミコトの子孫であるということに尽きるのです。つまり高天原の神々の子孫であることが、大王家の統治原理のすべてだったわけです。

ところが、もし人間がイザナキによって生みだされているとなると、多くの人間も天孫になってしまいます。そうなると、大王家が統治の正当性を主張できるものがなくなります。これでは困ります。

① まだ順番として、生みだされていない人間をどう処理するか。

② 二神の内のイザナキが人間を生みだしてしまっている。

③ 二神によって人間の生死が握られている。

この①〜③を、多少の矛盾には目をつぶって処理しようとした時、神話はどのように叙述されるか、という問題になります。

ここでは、私たちは、これまで以上に二神の行動に注意しなければなりません。たとえば、イザナミが一日に千人を「絞《くび》り殺さむ」と言うのに対して、イザナキは千五百人を「生みだす」とは表現しないで、「千五百の産屋を立てむ」と表現されていることにお気づきでしょうか。産屋を立てるということは、それだけの人間を生むということを表します。

しかし、イザナキが生むのであれば、産屋は一つあれば済みます。それが千五百の産屋が必要ということは、千五百人の妊婦がいることになります。つまり、この産屋を使うのは、人間の女性千五百人なのです。

こう考えますと、基本的に人間は二神の創造とは別の次元で誕生していたことを暗示させる表現になっているのです。これによって天孫ニニギノミコトの子孫である大王家を特殊な存在として意義づけることに成功しているのです。

黄泉津大神

もう一つ大きな問題は、イザナミが黄泉津大神になっていることです。

韓国の民俗村を訪れますと、村の入り口にトーテムポールのような存在を目にします。これは魔除けのチャングンピョ（将軍標）というものです。必ず二柱で一対になっています。それぞれ「天下大将軍」と「地下女将軍」と書かれています。韓国のチャングンピョがいつから存在するのかわかりませんが、地上世界の大将軍が男性で、地下世界の将軍が女性というのは、『古事記』のイザナキとイザナミの関係に似ています。しかも、このチャングンピョがサへの神（境界神）であるというのは、黄泉津比良坂を境としてイザナキとイザナミが対峙したことを思い出させてくれます。なんとなく共通性を感じます。

図30　韓国民俗村の将軍標（筆者撮影）

また、ギリシア神話でも大地はガイアという女神が治めています。

ギリシア神話では、冥界はハーデス、大地はガイアと住み分けがなされていますが、『古事記』の場合は、イザナミが黄泉の国と大地の両方を兼ねて統治しています。それは、おそらく黄泉の国が地下にあるとイメージされているからでしょう。呉茂一氏によりますと、ヘーシオドスの創世記では、最初にカオスを登場させ、次いで広い胸のガイア（大地）ができたと紹介し、「この一段は先に神々の誕生を述べるオリエント系の創世記よりもやや哲学的」（『ギリシア神話（上）』二七頁、新潮文庫）と指摘しています。

日本神話の場合、「天地初めて発れし時に、高天原に成りし神の名は、天之御中主神」と始まって、神々の名前が次々に列記されています。ところが、最初に登場する神々は、名前だけが記され、登場とともにすぐに「身を隠しき」と退場してしまいます。実質的に活動があるのは、イザナキとイザナミだけなのです。

そして、このイザナキとイザナミが、カオスたる「くらげなすただよへる」状態から、大地を生成していくという役割を果たすのです。その意味では、日本神話はギリシア神話よりも哲学的といえるかもしれません。

ギリシア神話では、この後、ガイアはウラノス（天空）を生み、自分の身を覆《おお》わせて、高い山々や海原などを一人で生みだします。そして、ウラノスと一緒になって、オケアノス、コイオス、クリオスなどの息子を生み、テイアー、レイアー、テミスなどの娘を生んだ後、最後にクロノスを生み落とし、このクロノスの息子がゼウス、というように物語は展開します。ようは、ウラノス、クロノス、ゼウスという三代にわたる宇宙統治神話が創作されているわけです。

神を生むイザナキ

日本神話では、イザナミはこの後、なにも生みだしません。というよりは基本的に登場しなくなるのです。この後、さまざまな神々を一人で生みだすのは男性神のイザナキなのです。このへんが日本神話の面白いところです。神に性別を付与することは、どの地域にも見られることです。これは人間界の神話への投影でしょう。その際、当然、聞き手としては、神に男女の性別があるとすると、人間界のジェンダーをも神話世界に投影するはずです。事実、ギリシア神話において神でも人でも生みだすのは女神です。それなのに、日本神話ではジェンダーを無視して、男性神であるイザナキが、平気でさまざまな神々を生みだしているのです。

是を以《もち》て、伊耶那岐大神の詔《のりたま》はく、「吾《あれ》は、いなしこめ、しこめき穢《きたな》き国に到りて在りけり。故《かれ》、吾は、御身《みみ》の禊《みそぎ》を為《せ》む」とのりたまひて、竺紫《つくし》の日向《ひむか》の橘《たちばな》の小門《おど》のあはき原《はら》に到り坐《ま》して、禊祓《みそぎ》しき。故《かれ》、投げ棄《う》つる御杖《みつゑ》に成れる神の名は、衝立船戸神《つきたつふなとのかみ》。次に、投げ棄《う》つる御帯《みおび》に成れる神の名は、道之長乳歯神《みちのながちはのかみ》。次に、投げ棄つる御嚢《みふくろ》に成れる神の名は、時量師神《ときはからしのかみ》。次に、投げ棄《う》つる御衣《みけし》に成れる神の名は、和豆良比能宇斯能神《わづらひのうしのかみ》。次に、投げ棄つる御褌《みはかま》に成れる神の名は、道俣神《ちまたのかみ》。次に、投げ棄つる御冠《みかがふり》に成れる神の名は、飽咋之宇斯能神《あきぐひのうしのかみ》。次に、投げ棄つる左の御手《みて》の手纏《たまき》に成れる神の名は、奥疎神《おきざかるのかみ》。次に、奥津那芸佐毘古神《おきつなぎさびこのかみ》。次に、奥津甲斐弁羅神《おきつかひべらのかみ》。次に、投げ棄つる右の御手の手纏《たまき》に成れる神の名は、辺疎神《へざかるのかみ》。次に、辺津那芸佐毘古神《へつなぎさびこのかみ》。次に、辺《へ》津甲斐弁羅神《つかひべらのかみ》。

右の件の、船戸神より以下、辺津甲斐弁羅神より以前《さき》の、十二はしらの神は、身に著《つ》けたる物を脱《ぬ》きしに因《よ》りて生める神ぞ。

神々の名前がずらりと登場して複雑ですので、整理してみますと、次のようになります。

投げ棄てた御杖↓衝立船戸神（船による旅の神）

投げ棄てた御帯↓道之長乳歯神（遠距離の旅の神）

投げ棄てた御嚢↓時量師神（時間に関する神）

投げ棄てた御衣↓和豆良比能宇斯能神（災厄の神）

投げ棄てた御褌↓道俣神（分かれ道の神）

投げ棄てた御冠↓飽咋之宇斯能神（飽食の神）

投げ棄てた左手の手纒↓奥疎神・奥津那芸佐毘古神・奥津甲斐弁羅神（海上の沖の神々）

投げ棄てた右手の手纒↓辺疎神・辺津那芸佐毘古神・辺津甲斐弁羅神（海岸の神々）

これらの神々が投げ棄てられた物から誕生しているのは、イザナキが黄泉の国から帰還して、ケガレを祓うことで生まれた神々だからです。

イザナキがイザナミと決別して、最初に発した言葉は、

「私は、なんとも醜く、醜く汚れた国に行っていたことだ。すぐに身をミソギしなければ！」

というものでした。

こう言って、イザナキは筑紫の日向の橘の小門のアワキ原というところで禊をするわけです。その結果、生まれたのが先ほどの神々です。

イザナキは、自分一人ではさびしくて国造りを完成できないと言って、黄泉の国にイザナミを迎えに行ったはずでした。それなのに、見てはいけないというタブーを犯して、イザナミの蛆がたかった姿に驚き逃げ出し、千引石でヨモツヒラサカに蓋をしてイザナミと決別し、さらに悪態をついて禊をしています。

なんとも身勝手な男です。イザナミとの決別を、人間世界の夫婦の離婚と考えると、男性側からの一方的な離婚通告と悪態にしか見えません。ギリシア神話でもゼウスは浮気っぽく、いつも新しい女性と恋愛関係になり、正妻のヘラを怒らせますが、ヘラと離婚することはありませんでした。このへんも日本とギリシアの違いでしょうか。

ただし、こうした男性側からの一方的な離別の在り方が、当時の日本の婚姻形態、ある

ミソギの意味

い は恋愛形態だとは思えません。『万葉集』にうかがえる男女のおおらかな恋愛や、妻問《つまどい》婚《こん》に見られるような男女の自由な交遊関係を考えますと、恋愛や婚姻において、男性が一方的に優位に立っていたとは思えません。この場面におけるイザナキの悪態は、特定の男性の存在形態と考えるべきでしょう。あるいは神話創作者の男性に対する考え方が反映したものかもしれません。

それはさておき、ここで重要なのはミソギ（禊）です。

黄泉の国訪問を、現実世界で考えると、死との遭遇、あるいは葬儀への参加と考えることができるでしょう。今でもお葬式から帰ってくると、家に入る前に玄関口で、お塩でお清めをします。これが、イザナキが行ったミソギの代替行為です。

そして、この場面から、次のことがわかります。

Ⅰ　神もケガレに犯される

Ⅱ　ケガレはミソギで浄化できる

ここでは死＝黄泉をケガレと認識しています。

なぜでしょうか？

ギリシア神話では冥界は闇黒の嫌な場所と性格づけられていますが、穢れた場所としてミソギを必要としているわけではありません。ところが、日本では黄泉の国を穢れた場所として、イザナキに禊をさせています。

死とケガレ

死が穢れたものならば、魚や獣を食べる行為はどうなるのでしょうか。すべて死体を食べているわけですから、穢れそのものを食べていることになります。動物の死骸が放置されると腐乱して汚いものになるのは視覚的に理解できます。しかし、その視覚的イメージだけで死＝ケガレという思想に結びつけるのはいささか乱暴です。放置せずに埋葬すれば、腐乱状況を見ることはありませんから、その場合はケガレていないということになるのでしょうか。視覚的イメージは、あくまで説明の一つの便法にしかなりません。

死＝ケガレについては、この後の神話で、アメワカヒコ（天若日子）の葬儀に訪れたアヂシキタカヒコネ（阿遅志貴高日子根神）が、アメワカヒコの家族にアメワカヒコとまちがわれた際に、「何とも吾《あれ》を穢《きたな》き死人《しにびと》に比《なぞ》ふる」と怒って暴れるシーンをもち出して、古くから存在すると説明されています。

しかし、このアヂシキタカヒコネの話も神話です。つまり人間が作り上げた話であって、事実ではありません。ですから、この神話がいつ作られたのかによって、死＝ケガレ観の成立がいつなのかが変わってきます。神話の時代からそうだった、という言い方は曖昧そのものと言わざるをえません。

死を恐れる気持ちは、理屈ではなく、本能的なものです。それゆえ説明は不要です。ですが、死をケガレと考えるのは、本能的なものではありません。ケガレというのはきわめて思想的なものだからです。穢れている、あるいは清浄である、という区別は見た目にはわからないもので、あくまで想念の上に成立するものだからです。

たとえば、大豪族の古墳を考えてみてください。死が穢れたものであるなら、あのような壮大なものを築くでしょうか。また、死後の生活を考えて豪華な副葬品を入れるでしょうか。森浩一氏は、横穴式石室《よこあなしきせきしつ》について次のような意見を述べています（『日本神話の考古学』四〇頁、朝日新聞社、一九九三年）。

数年前に関心の集まった奈良県斑鳩《いかるが》町の藤ノ木古墳も横穴式石室をもつ円墳の代表的なものだが、ここには今回の学術調査で初めて人が入ったのではなく、数百年前にも信仰の目的で人びとが石室内に入った痕跡が残されていた。新しい時代の灯明皿を古墳時代の土器の上に置いたり、古墳時代の土器を灯明皿を置く台に転用していたことがその証拠である。つまり横穴式石室というのは、埋葬後に人が入れることを前提につくったものなのである。このことは、イザナミの遺骸の変化を語る神話の舞台装置を知る手がかりになる。

この文章の後、森氏はさらに森本六爾氏の指摘を紹介して、横穴式石室が追葬を前提に作られた可能性を指摘しています。横穴式石室は四世紀後半に九州地方で造られ、全国的に広がるのは六世紀です。

死者に対するケガレ観がある社会では、横穴式石室の発想は生まれなかったのではないでしょうか。そうしますと、単純に考えると、六世紀までは死＝ケガレという観念はなかった可能性も考えられます。むしろ死という物理的状態に対して、思想的な観念をもち込むのは仏教ではないかという可能性もあります。仏教は死というものに対する最も哲学的な学問です。輪廻転生《りんねてんしょう》や地獄・極楽といった死への理念はまさしく仏教によってもたらされたものです。

モガリ（殯）は古い儀式ですが、これを「黄泉がえり」を待つ期間だと考えますと、黄泉から帰ること自体をケガレと考えていなかった証拠とも解釈できます。死がケガレそのものであったならば、死体はすぐに処理されなければなりません。ですが、一時的に死の状態になっても、息を吹き返すことが実際にあった事例を知っている人々は、モガリの期間を設けて、死からの黄泉がえりを期待したわけです。

もちろん、こうした考えはあくまで可能性でしかありません。

ですが、日本神話が整理された時期、言い換えますと、『古事記』『日本書紀』に神話が編集された時期は、すでに仏教が日本に伝わっていた時代です。しかも、少なくとも『日本書紀』の編集には、百済人・唐人が参加しています。彼らの知的影響も無視できません。このような編集の客観的な状況を考えた時、日本神話を日本の風習や神道的イメージだけで理解することは難しいということがわかってきます。

高天原神話の誕生——エピローグ

この後、イザナキは海に関わる神々を生みだした後、高天原《たかまがはら》神話上、最も重要な三神を生みだします。いわゆる三貴神《さんきしん》の誕生です。

アマテラス・ツクヨミ・スサノヲの誕生

是《ここ》に、左の御目《みめ》を洗ひし時に、成《な》れる神の名は、天照大御神《あまてらすおほみかみ》。次に、右の御目を洗ひし時に、成れる神の名は、月読命《つくよみのみこと》。次に御鼻《みはな》を洗ひし時に、成れる神の名は、建速須佐之男命《たけはやすさのをのみこと》。

イザナキの左目からはアマテラス（天照大御神）、右目からはツクヨミ（月読命）、鼻からはスサノヲ（建速須佐之男命）が生まれたのです。これ以降は、まさに高天原神話になるわけです。

日本神話の主要な物語はここから始まるといってもよいくらいです。

かんたんにさわりだけ紹介しますと、アマテラスは後から誕生したにもかかわらず、高天原の主神となります。それはイザナキの指示によるものです。イザナキはアマテラスに「汝は高天原を治めなさい」と言い、ツクヨミには「夜の国を治めなさい」と言い、スサノヲには「海原を治めなさい」と言います。これまでの国土生成過程で登場した天・地・海の三つの世界の分割統治を指示するのです。

そして、いろいろな物語が展開した後、アマテラスの命で、ヒコホノニニギノミコトが天から地上に降り、その子孫が神武《じんむ》天皇となる話に落ち着くわけです。

アマテラスを高天原の主神に設定することの目的は、アマテラスの子孫である大王家が葦原中国《あしはらのなかつくに》を統治する正統な一族であることを物語るためです。その意味では、イザナキ・イザナミ神話はその前提として語られた神話といえます。つまりは哲学的に宇宙の創造について考え出された神話が、ここまでの神話といえましょう。そこには、神話が作られるための叡智が凝縮されているはずです。それゆえ、逆に日本固有ではない部分もある可能性があります。

『古事記』における外国文化の要素

本居宣長《もとおりのりなが》には申し訳ないことですが、いかに『古事記』が「字の文をもかざらずて、もはら古語をむねとはして、古への実のありさまを失はじと勤たる」ものであっても、純粋に日本的要素だけで成立していると考えることは難しいのではないかと思います。

漢語が文章の中にあるかないかというのは、漢字の受容年代だけの問題となります。文化は人について入ってきます。文字は体系的に取り入れなければ定着は困難ですが、文化はそうではありません。むしろ物質文化は、それが有用なものであれば、受容は容易です。そして、物質が受容されると、それに関わる精神文化も必然的に何割かは入ってきます。文化受容とはそうしたものではないでしょうか。

『古事記』序文が伝える、「朕《あれ》聞く、諸《もろもろ》の家の賷《も》てる帝紀《すめろきのふみ》と本辞《さきつよのことば》と、既に正実《まこと》に違《たが》ひ、多く虚偽《いつはり》を加へたり」という天武《てんむ》の言葉は、けっして帝紀《ていき》と本辞《ほんじ》だけに限ったことではなかったはずです。『古事記』が編纂される段階では、古くからの飛鳥《あすか》の文化も、他所《よそ》からの文化や習俗によってさまざまな変容を見せていたことでしょう。

また、むしろ、その時代に入ってきている外国文化の要素を取り入れるというのが、逆に日本的といえるかもしれません。神話の時代というものは存在しないと思いますが、七、八世紀の人々にとって、文字に記されていない古き時代のことを叙述する際に、当時の知識を結集して編集することは自然のことであり、それをいかに読み解いていくかが、現代の歴史学・神話学の課題なのだと考えます。

あとがき

日本神話は子どもの頃に祖父から語ってもらった時は、楽しいものでした。小学生になって、自分で本で読んだ時もおもしろいものでした。ですが、歴史を研究し始めてからは、遠ざかっていました。余計な知識が入ったため、神話は歴史ではない。神話は天皇制を支え、戦争に利用された、という意識が強まりました。すなおに神話に接することができなくなってしまっていたのです。

それゆえ、歴史雑誌から神話についての原稿や、欠史八代を始めとする古い時期の大王家（神武《じんむ》～雄略《ゆうりやく》）についての原稿の依頼は、極力、お断りしてきました。ところが出雲神話に関する原稿を一度書く機会があり、それが吉川弘文館の大岩由明氏の目にとまり、今回の執筆を依頼されました。専門に研究されている方々には申し訳ないくらい、神話研究をしてこなかった私にとって、この依頼はたいへんハードルの高いもので、また、心情的にも複雑なものがありました。

しかし、大学教育に携わり、小学校教育の片鱗を覗く立場になってみますと、日本の子どもたちがいかに神話を知らないか、あるいは教育現場に立つ人たちも知らないか、という現実を目の当たりにします。自分のことは棚に上げて、神話は政治や外交の手段にされるべき存在でもなく、一つの自分の国の大切な話として伝えてほしい、知ってほしいという気持ちも生まれてきました。

グローバル化が進む中、人間は平等であるということを知ると同時に、平等でなかった時代があり、国にはそれぞれの歩んできた歴史があることを知る必要があります。神話は歴史ではありませんが、その神話を生みだした祖先は確実に私たちの歴史の中の人物であり、いかにして生みだされたかは歴史そのものです。

そう考えた時に、ようやく私の中でも日本神話を書くということに対する説明がつきました。そして約二年間、静岡新聞社のＳＢＳ学苑で受講生の方たちと神話を語り合うことで、多少の勉強と準備ができ、長い間待っていてくれた大岩さんに原稿を渡すことができました。長い間のお付き合い、ありがとうございました。

本書は、イザナキ・イザナミ神話という日本神話の導入部分で終わってしまっています。プロローグに紹介しましたアマテラスの天の岩屋戸隠れやスサノヲの八岐大蛇《やまたのおろち》退治などの面白い話はこれからです。本当は、こうした面白い話を皆さんに紹介したかったのですが、その前に紙数が尽きてしまいました。これこそ私の力不足ゆえです。伏して御寛恕を願う次第です。もし機会がありましたら、アマテラス・スサノヲの神話、オホクニヌシの神話にも挑戦したいと思います。

神話が一つの創作物であるように、私の神話解釈も一つの創作物といってよいかと思います。神話は最初の物語はあるでしょうが、それが語り継がれた瞬間から、多様性そのものになっていく存在だと思います。

むずかしい話も書きましたが、本書が日本神話を楽しむ材料になることが、私の唯一の願いです。

二〇一一年四月

中村修也

著者紹介

一九五九年、和歌山県に生まれる
一九八九年、筑波大学大学院歴史・人類学研究科博士課程単位取得修了
現在、文教大学教育学部教授、博士(文学)

主要著書
『日本古代商業史の研究』(思文閣出版、二〇〇五年)
『女帝推古と聖徳太子』(光文社、二〇〇四年)
『平安京の暮らしと行政』(山川出版社、二〇〇一年)
『白村江の真実 新羅王・金春秋の策略』(歴史文化ライブラリー、吉川弘文館、二〇一〇年)

歴史文化ライブラリー
325

日本神話を語ろう
イザナキ・イザナミの物語

二〇一一年(平成二十三)八月一日 第一刷発行

著 者 中《なか》村《むら》修《しゅう》也《や》
発行者 前田求恭
発行所 株式会社 吉川弘文館
東京都文京区本郷七丁目二番八号
郵便番号一一三―〇〇三三
電話〇三―三八一三―九一五一〈代表〉
振替口座〇〇一〇〇―五―二四四
http://www.yoshikawa-k.co.jp/
印刷＝株式会社 平文社
製本＝ナショナル製本協同組合
装幀＝清水良洋・大胡田友紀

ISBN978-4-642-05725-7

歴史文化ライブラリー

1996.10

刊行のことば

現今の日本および国際社会は、さまざまな面で大変動の時代を迎えておりますが、近づきつつある二十一世紀は人類史の到達点として、物質的な繁栄のみならず文化や自然・社会環境を謳歌できる平和な社会でなければなりません。しかしながら高度成長・技術革新にともなう急激な変貌は「自己本位な刹那主義」の風潮を生みだし、先人が築いてきた歴史や文化に学ぶ余裕もなく、いまだ明るい人類の将来が展望できていないようにも見えます。このような状況を踏まえ、よりよい二十一世紀社会を築くために、人類誕生から現在に至る「人類の遺産・教訓」としてのあらゆる分野の歴史と文化を「歴史文化ライブラリー」として刊行することといたしました。

小社は、安政四年（一八五七）の創業以来、一貫して歴史学を中心とした専門出版社として書籍を刊行しつづけてまいりました。その経験を生かし、学問成果にもとづいた本叢書を刊行し社会的要請に応えて行きたいと考えております。

現代は、マスメディアが発達した高度情報化社会といわれますが、私どもはあくまでも活字を主体とした出版こそ、ものの本質を考える基礎と信じ、本叢書をとおして社会に訴えてまいりたいと思います。これから生まれでる一冊一冊が、それぞれの読者を知的冒険の旅へと誘い、希望に満ちた人類の未来を構築する糧となれば幸いです。

吉川弘文館

歴史文化ライブラリー

古代史

- 邪馬台国 魏使が歩いた道——丸山雍成
- 邪馬台国の滅亡 大和王権の征服戦争——若井敏明
- 日本語の誕生 古代の文字と表記——沖森卓也
- 日本国号の歴史——小林敏男
- 古事記の歴史意識——矢嶋 泉
- 古事記のひみつ 歴史書の成立——三浦佑之
- 日本神話を語ろう イザナキ・イザナミの物語——中村修也
- 〈聖徳太子〉の誕生——大山誠一
- 聖徳太子と飛鳥仏教——曾根正人
- 倭国と渡来人 交錯する「内」と「外」——田中史生
- 大和の豪族と渡来人 葛城・蘇我氏と大伴・物部氏——加藤謙吉
- 飛鳥の朝廷と王統譜——篠川 賢
- 飛鳥の宮と藤原京 よみがえる古代王宮——林部 均
- 飛鳥の文明開化——大橋一章
- 古代出雲——前田晴人
- エミシ・エゾからアイヌへ——児島恭子
- 古代の蝦夷《えみし》と城柵《じょうさく》——熊谷公男
- 悲運の遣唐僧 円載の数奇な生涯——佐伯有清
- 遣唐使の見た中国——古瀬奈津子
- 白村江の真実 新羅王・金春秋の策略——中村修也
- 古代の皇位継承 天武系皇統は実在したか——遠山美都男
- 持統女帝と皇位継承——倉本一宏
- 高松塚・キトラ古墳の謎——山本忠尚
- 壬申の乱を読み解く——早川万年
- 骨が語る古代の家族 親族と社会——田中良之
- 家族の古代史 恋愛・結婚・子育て——梅村恵子
- 万葉集と古代史——直木孝次郎
- 古代の都はどうつくられたか 中国・日本・朝鮮・渤海——吉田 歓
- 平城京に暮らす 天平びとの泣き笑い——馬場 基
- すべての道は平城京へ 古代国家の〈支配の道〉——市 大樹
- 古代の都と神々 怪異を吸いとる神社——榎村寛之
- 平安朝 女性のライフサイクル——服藤早苗
- 平安京のニオイ——安田政彦
- 天台仏教と平安朝文人——後藤昭雄
- 藤原摂関家の誕生 平安時代史の扉——米田雄介
- 安倍晴明 陰陽師たちの平安時代——繁田信一
- 源氏物語の風景 王朝時代の都の暮らし——朧谷 寿

歴史文化ライブラリー

歴史文化ライブラリー

- 戦国時代の足利将軍 ―― 山田康弘
- 戦国を生きた公家の妻たち ―― 後藤みち子
- 鉄砲と戦国合戦 ―― 宇田川武久
- 信長のおもてなし 中世食べもの百科 ―― 江後迪子
- よみがえる安土城 ―― 木戸雅寿
- 検証 本能寺の変 ―― 谷口克広
- 加藤清正 朝鮮侵略の実像 ―― 北島万次
- 北政所と淀殿 豊臣家を守ろうとした妻たち ―― 小和田哲男
- ザビエルの同伴者 アンジロー 戦国時代の国際人 ―― 岸野 久
- 海賊たちの中世 ―― 金谷匡人
- 中世 瀬戸内海の旅人たち ―― 山内 譲

近世史

- 神君家康の誕生 東照宮と権現様 ―― 曽根原 理
- 江戸御留守居役 近世の外交官 ―― 笠谷和比古
- 検証 島原天草一揆 ―― 大橋幸泰
- 隠居大名の江戸暮らし 年中行事と食生活 ―― 江後迪子
- 大名行列を解剖する 江戸の人材派遣 ―― 根岸茂夫
- 赤穂浪士の実像 ―― 谷口眞子
- 大江戸八百八町と町名主 ―― 片倉比佐子
- 江戸の武家名鑑 武鑑と出版競争 ―― 藤實久美子
- 江戸時代の身分願望 身上りと上下無し ―― 深谷克己
- 次男坊たちの江戸時代 公家社会の〈厄介者〉 ―― 松田敬之
- 江戸時代の孝行者 「孝義録」の世界 ―― 菅野則子
- 近世の百姓世界 ―― 白川部達夫
- 百姓一揆とその作法 ―― 保坂 智
- 江戸の寺社めぐり 鎌倉・江ノ島・お伊勢さん ―― 原 淳一郎
- 宿場の日本史 街道に生きる ―― 宇佐美ミサ子
- 歴史人口学で読む江戸日本 ―― 浜野 潔
- 江戸の捨て子たち その肖像 ―― 沢山美果子
- 京のオランダ人 阿蘭陀宿海老屋の実態 ―― 片桐一男
- それでも江戸は鎖国だったのか オランダ宿 日本橋長崎屋 ―― 片桐一男
- 江戸の文人サロン 知識人と芸術家たち ―― 揖斐 高
- 葛飾北斎 ―― 永田生慈
- 北斎の謎を解く 生活・芸術・信仰 ―― 諏訪春雄
- 江戸の職人 都市民衆史への志向 ―― 乾 宏巳
- 江戸と上方 人・モノ・カネ・情報 ―― 林 玲子
- 江戸店《だな》の明け暮れ ―― 林 玲子
- エトロフ島 つくられた国境 ―― 菊池勇夫

歴史文化ライブラリー

災害都市江戸と地下室――小沢詠美子
浅間山大噴火――渡辺尚志
アスファルトの下の江戸 住まいと暮らし――寺島孝一
江戸八百八町に骨が舞う 人骨から解く病気と社会――谷畑美帆
道具と暮らしの江戸時代――小泉和子
江戸幕府の日本地図 国絵図・城絵図・日本図――川村博忠
江戸城が消えていく 『江戸名所図会』の到達点――千葉正樹
都市図の系譜と江戸――小澤 弘
江戸の地図屋さん 販売競争の舞台裏――俵 元昭
近世の仏教 華ひらく思想と文化――末木文美士
葬式と檀家――圭室文雄
幕末民衆文化異聞 真宗門徒の四季――奈倉哲三
江戸の風刺画――南 和男
幕末維新の風刺画――南 和男
ある文人代官の幕末日記 林鶴梁の日常――保田晴男
幕末の海防戦略 異国船を隔離せよ――上白石 実
黒船来航と音楽――笠原 潔
江戸の海外情報ネットワーク――岩下哲典
黒船がやってきた 幕末の情報ネットワーク――岩田みゆき
幕末日本と対外戦争の危機 下関戦争の舞台裏――保谷 徹

近・現代史

幕末明治 横浜写真館物語――斎藤多喜夫
横井小楠 その思想と行動――三上一夫
旧幕臣の明治維新 沼津兵学校とその群像――樋口雄彦
大久保利通と明治維新――佐々木 克
明治維新と豪農 古橋暉皃の生涯――高木俊輔
文明開化 失われた風俗――百瀬 響
西南戦争 戦争の大義と動員される民衆――猪飼隆明
明治外交官物語 鹿鳴館の時代――犬塚孝明
自由民権運動の系譜 近代日本の言論の力――稲田雅洋
福沢諭吉と福住正兄《ふくずみまさえ》 世界と地域の視座――金原左門
日赤の創始者 佐野常民《つねたみ》――吉川龍子
文明開化と差別――今西 一
天皇陵の近代史――外池 昇
明治の皇室建築 国家が求めた〈和風〉像――小沢朝江
明治神宮の出現――山口輝臣
宮武外骨《みやたけがいこつ》 民権へのこだわり――吉野孝雄
森 鷗外 もう一つの実像――白崎昭一郎

歴史文化ライブラリー

歴史文化ライブラリー

闘う女性の20世紀 地域社会と生き方の視点から―伊藤康子

女性史と出会う―総合女性史研究会編

丸山真男の思想史学―板垣哲夫

文化財報道と新聞記者―中村俊介

文化史・誌

楽園の図像 海獣葡萄鏡の誕生―石渡美江

毘沙門天像の誕生 シルクロードの東西文化交流―田辺勝美

世界文化遺産 法隆寺―高田良信

語りかける文化遺産 ピラミッドから安土城・桂離宮まで―神部四郎次

密教の思想―立川武蔵

霊場の思想―佐藤弘夫

四国遍路 さまざまな祈りの世界―星野英紀・浅川泰宏

跋《ばっ》扈《こ》する怨霊 祟りと鎮魂の日本史―山田雄司

藤原鎌足、時空をかける 変身と再生の日本史―黒田 智

変貌する清盛『平家物語』を書きかえる―樋口大祐

鎌倉 古寺を歩く 宗教都市の風景―松尾剛次

鎌倉大仏の謎―塩澤寛樹

日本禅宗の伝説と歴史―中尾良信

水墨画にあそぶ 禅僧たちの風雅―高橋範子

日本人の他界観―久野 昭

観音浄土に船出した人びと 熊野と補陀落渡海―根井 浄

浦島太郎の日本史―三舟隆之

宗教社会史の構想 真宗門徒の信仰と生活―有元正雄

読経の世界 能読の誕生―清水眞澄

戒名のはなし―藤井正雄

仏画の見かた 描かれた仏たち―中野照男

〈日本美術〉の発見 岡倉天心がめざしたもの―吉田千鶴子

祇園祭 祝祭の京都―川嶋將生

茶の湯の文化史 近世の茶人たち―谷端昭夫

海を渡った陶磁器―大橋康二

時代劇と風俗考証 やさしい有職故実入門―二木謙一

歌舞伎の源流―諏訪春雄

歌舞伎と人形浄瑠璃―田口章子

落語の博物誌 江戸の文化を読む―岩崎均史

大江戸飼い鳥草紙 江戸のペットブーム―細川博昭

古建築修復に生きる 屋根職人の世界―原田多加司

風水と家相の歴史―宮内貴久

大工道具の日本史―渡邉 晶

歴史文化ライブラリー

歴史文化ライブラリー

日本の祭りを読み解く——真野俊和
江戸東京歳時記——長沢利明
柳田国男 その生涯と思想——川田 稔
婚姻の民俗 東アジアの視点から——江守五夫
アニミズムの世界——村武精一
海のモンゴロイド ポリネシア人の祖先をもとめて——片山一道

世界史

秦の始皇帝 伝説と史実のはざま——鶴間和幸
渤海《ぼっかい》国興亡史——濱田耕策
黄金の島 ジパング伝説——宮崎正勝
琉球と中国 忘れられた冊封使——原田禹雄
アジアのなかの琉球王国——高良倉吉
王宮炎上 アレクサンドロス大王とペルセポリス——森谷公俊
魔女裁判 魔術と民衆のドイツ史——牟田和男
フランスの中世社会 王と貴族たちの軌跡——渡辺節夫
古代インド文明の謎——堀 晄
スカルノ インドネシア「建国の父」と日本——後藤乾一 山﨑 功
ヒトラーのニュルンベルク 第三帝国の光と闇——芝 健介
人権の思想史——浜林正夫
グローバル時代の世界史の読み方——宮崎正勝

考古学

農耕の起源を探る イネの来た道——宮本一夫
縄文の実像を求めて——今村啓爾
O脚だったかもしれない縄文人 人骨は語る——谷畑美帆
吉野ケ里遺跡 保存と活用への道——納富敏雄
交流する弥生人 金印国家群の時代の生活誌——高倉洋彰
古 墳——土生田純之
銭の考古学——鈴木公雄
太平洋戦争と考古学——坂詰秀一

各冊一七八五円～一九九五円（各5％の税込）
▽残部僅少の書目も掲載してあります。品切の節はご容赦下さい。